大夏书系·名家谈教育

积攒生命的光

贾志敏教育口述史

贾志敏 口述
朱 煜 整理

## 图书在版编目（CIP）数据

积攒生命的光：贾志敏教育口述史／贾志敏口述；朱煜整理. —上海：华东师范大学出版社，2018
ISBN 978-7-5675-7767-1

Ⅰ.①积… Ⅱ.①贾… ②朱… Ⅲ.①贾志敏-回忆录 Ⅳ.①K825.46

中国版本图书馆CIP数据核字（2018）第106437号

大夏书系·名家谈教育

## 积攒生命的光
### ——贾志敏教育口述史

| 口　　述 | 贾志敏 |
|---|---|
| 整　　理 | 朱　煜 |
| 策划编辑 | 朱永通 |
| 审读编辑 | 任媛媛 |
| 装帧设计 | 奇文云海·设计顾问 |
| 出版发行 | 华东师范大学出版社 |
| 社　　址 | 上海市中山北路3663号　邮编　200062 |
| 网　　址 | www.ecnupress.com.cn |
| 电　　话 | 021-60821666　行政传真　021-62572105 |
| 客服电话 | 021-62865537 |
| 邮购电话 | 021-62869887 |
| 地　　址 | 上海市中山北路3663号华东师范大学校内先锋路口 |
| 网　　店 | http://hdsdcbs.tmall.com |
| 印 刷 者 | 北京密兴印刷有限公司 |
| 开　　本 | 890×1240　32开 |
| 插　　页 | 1 |
| 印　　张 | 5.75 |
| 字　　数 | 160千字 |
| 版　　次 | 2018年8月第一版 |
| 印　　次 | 2025年2月第三次 |
| 印　　数 | 8 101-9 100 |
| 书　　号 | ISBN 978-7-5675-7767-1／G·11145 |
| 定　　价 | 49.80元 |

出 版 人　　王　焰

（如发现本版图书有印订质量问题，请寄回本社市场部调换或电话021-62865537联系）

教学生一年，要想到他五年；教他五年，要想到他终身。

——贾志敏

十二 不教胜教 66

十三 贾老师教作文 70

十四 每天一分钟的力量 82

十五 对公开课的思考 89

十六 拜访钱梦龙先生 98

十七 怀念袁瑢老师 102

十八 我和老于 108

十九 家一般的《小学教学》 118

二十 学好语文有大用 125

二十一 如何听课 131

二十二 『为谁教』·『教什么』·『怎样教』 142

二十三 练好看家本领 149

二十四 教育要直抵人心 158

后记 163

# 目录

序言　贾老师与我　I

一　『酱油瓶』·含羞草　1

二　林先生　6

三　寄人篱下的日子　13

四　代课教师　19

五　苦难岁月　28

六　实验班　33

七　『还是读得太少』　38

八　导师立岗　42

九　素描作文　47

十　两节难忘的课　57

十一　《朱老师的眼睛》　60

灯下读书

# 序言 贾老师与我

我第一次见到贾志敏老师,是在 1990 年。那时我在上海市浦明师范学校念书。贾老师在浦明师范学校附属小学教书。那次,学校请贾老师来为我们这些未来的小学教师作讲座。依稀记得,讲座内容是关于教师职业操守的。

1992 年 3 月的某天,课间,我走过教师办公室门口,年级主任一下子叫住了我。我随他走进办公室,贾老师正在里面与人说话。见到我,他笑眯眯地问:"你就是朱煜?"我点头称是。"你愿意到附小工作吗?从这个月开始……"

原来,那时贾老师刚担任浦明师范学校附属小学的校长,因为学校缺少师资,就想从师范学校里找一个马上能上岗的应届生去小学代课。师范学校的校长向贾老师推荐了我。我也想早些教书，于是就提前半年从学校毕业，开始工作。可以说，是贾老师领着我走上小学教师岗位的。

到小学后，我先教美术，一周之后，因为人事变动改教四年级数学，兼任大队辅导员。一个学期后，我向贾老师提出想教语文。贾老师问我原因，我说，就是喜欢语文。没有想到，贾老师立刻同意了。新学期开学，我接了一个四年级的班。当时学校副校长的孩子转学到附小，贾老师说，就放在朱煜班里。

那段时间，贾老师正在准备拍摄电视系列片《贾老师教作文》。不多久，就开播了。每次我都准时收看，而且买了空白录像带，一集一集地录制下来，准备以后回看。那时，很多有小学生的家庭也是这么做的。甚至第二天早上的公交车上，上班族们都会谈论昨天贾老师在电视里说了什么，小朋友学得如何。在电视里教小学生写作文，贾老师是第一人。除了看电视，我还能经常在学校里听贾老师上作文课。有些作文课，贾老师设计得很简单——先念一篇范文，组织学生讨论一下，然后再念一遍，请学生根据记忆写下来。交流作业时，请学生互相说说优点和不足。当初不懂这样上的奥妙，后来慢慢明白了：作文是一种能力，能力的获得需要训练。语言训练就从听、说、读、写四个角度展开。在课堂上，将学生的基本能力训练到位，他们就能在课外更好地读书、作文。就这样，从听作文课、上作文课，再到读作文教学理论，我的语文教学生涯从作文教学起步。在区里上的第一节公开课也是作文课。

记得刚工作不久，我就得到一个上公开课的机会，要上《蛇与庄稼》。这是一篇讲述事物之间关联的科普文。同事们帮我备课，贾老师也来了，见我们讨论热烈，便出了个主意：上课铃响，先不要进教室。15秒钟后，手捂肚子慢慢走进去。然后告诉学生，不小心吃了不干净的食物，闹肚子了，上课迟到了。以此告诉学生，不干净的食物与迟到看似无关，现在却产生了关联。大家都说好，可我连连摇头说这个贾老师能做好，我绝对做不来。看上去只是营造一个小情境，可要把握好其中的度是很难的，得靠丰富的教学实践经验。对于年轻教师来说，稍不注意，就弄巧成拙。

贾老师的课总是充满新意。虽然那时还不敢贸然照搬，但我总是尽量多地学习"吸收"，不断"咀嚼"，思考哪些经验符合自己的特点，然后借鉴过来。

贾老师常说，自己也不是天生就会上课，而是通过一次一次的实践、学习、反思，慢慢悟出教学之道。所以贾老师的课堂教学是在不断变化和完善的。我与贾老师共事十年，他教学生涯中最经典的一些课例，我都有幸第一时间看到听到，有些课听完之后还聆听过贾老师与专家们的讨论，有些课还听过不同的版本，琢磨过修改的过程。直到现在，我依然记得贾老师与一年级的孩子手拉手念儿歌《两个名字》的情景。他坐在小椅子上，让学生蒙住他的眼睛，与学生一起背课文做游戏。那时，贾老师已经年逾50。这个年纪的男老师通常是不会去低年级上课的。但贾老师别出心裁，像一位慈祥的爷爷在课堂上与孩子们对话、聊天，发展他们的思维和语言。一篇《镇定的女主人》，贾老师上得简简单单，几次巧妙的句式练习，就让学生理解了课文内容，锻炼了语言能力。用"震撼"形容当时听课的感受，一点儿不为过。因为从未听过这样的阅读课。走出教室，回想课堂教学过程，能真切地感受到学生的成长。后来我将贾老师的阅读教学特色归纳为：以读代讲，以读引说，以读促思。并且在自己的教学中学习着，实践着。

贾老师不仅是上语文课有新意，做校长也常有"意外

之举"。那时，他每天在早操时为全校师生作简短的演讲。演讲的素材就是学校里发生的各种鲜活的事例。夸奖一个孩子的进步，介绍一个孩子的特长，让孩子们为学校里的后勤人员献花等等。每次演讲从不空泛地讲大道理，都落实到具体的人，让学生感受到人性的光辉。贾老师让我把演讲内容记录下来，我梳理一番后，还写出了一篇论文《每天一分钟的力量》。那是我发表的第一篇专业文章。

1996年，浦东新区教育局将我指定给贾老师做徒弟，还签了带教协议。贾老师经常上公开课，我去听，听完了就谈感想。

我从来没有跟着贾老师翻来覆去打磨一节课，更没有在教学环节上纠缠，贾老师总是让我从整体感受他的课堂。这样我就不会机械地模仿贾老师的课堂教学手法，而是着力于领悟教学方法背后的教育教学思想。掌握了思想，设计、实施教学环节才能真正落实到位。

我业余时喜欢动笔写写小文章，不光自己写，还在班级里组建了文学社，带着学生一起写。后来又在学校办了文学社。孩子们写出习作，没处发表，我就自己做一张手抄文学小报。一个月一期，选稿、排版、誊抄、配插图全都自己来。贾老师见到报纸，很高兴，说既然你喜欢办报，索性办一张校报吧。贾老师从抽屉里拿出一张报社排版用的大纸，纸上有密密麻麻的绿色小方格，然后他用铅笔在纸上画出不同版样，告诉我如何计算字数，如何画版更合理好看。画完后，他又取出一大叠那样的纸，说："这些都给你，以后一个月一期，慢慢用。"贾老师还给我出主意，请一个练习书法的学生书写报头。就这样，报纸办起来了，是浦东第一张小学校报。

贾老师教我最多的是修改文章。当时我担任学校办公室主任，对外的很多公文都由我先写出初稿，再请贾老师修改润色。贾老师总是用红色圆珠笔圈画删改，改完，还会一一告诉我为什么这样改。编报纸，写文章，看似与语文教学关系不大，实际上却是提升语文教师基本素养的重要途径。我的教书生涯一直与写书编书联结在一起，都是源于那时的历练。

贾老师经常提醒我，学生是我们的衣食父母。乍一听，觉得这话没道理。公办教师拿着国家工资，学生怎么会是我们的衣食父母呢？可仔细想想，这句话背后有重要的学生观——教师走进教室就应该为学生服务，他们如何

VI

能学会，教师就如何教。这句话让我终生受益。

贾老师是传我"吃饭家什"的人。因为他，我学会了上语文课，懂得了什么是为学生服务的语文课，这使我在新方法新口号满天飞的当下，不至于迷失。

2017年5月，我获得2016—2017年度全国小语"十大青年名师"称号，颁奖典礼在厦门举行，我与贾老师一同前往。我去领奖，他去颁奖。我上第一节展示课，他上最后一节展示课。那时，贾老师刚做完一个疗程的腿部放疗。我和贾老师的家人都劝他不要去了。贾老师不肯，说答应了的事情，一定要做到。到了机场，办理登机手续的柜台就在30米开外的地方，贾老师拄着手杖走不动了。正好一辆武警巡逻车从身边走过，贾老师急忙招呼对方停车，说："我是个病人，不良于行，能否载一段？"武警将贾老师送到柜台前，服务员送来一把椅子，请贾老师坐下。贾老师一边落座，一边痛得惊叫。我还是第一次听到贾老师这样大叫，不禁吓了一跳。办完手续，我扶着贾老师起身，他又是一声痛苦的惊叫。我这才真正意识到这次出行任务艰巨——一定要陪贾老师平安回家。

在飞机上坐定，贾老师从包里掏出一张皱巴巴的纸，纸上写了不少名字。他告诉我，他是上海航空公司的质量督查员，每次乘上航的飞机，都会记下乘务长的名字。多年下来，就认识了很多乘务长。其实，何止乘务长，很多空姐也都认识贾老师。见到我手里提着《贾老师教作文》的光盘，一位空姐笑着说，勾起了童年的回忆。

"您是怎么当上上航的质量督查员的呢？"我好奇地问。

贾老师笑着说："有一次乘上航的飞机，飞行中出了故障，乘客们受惊不小，还好后来平稳降落。一些乘客要求航空公司赔偿。争执不下时，我劝那些乘客，能平安落地已经是大幸。航空公司也尽力了，互相理解吧。大家听了我的劝，就散了。事后，航空公司专程登门致谢，聘我做了质量督查员。"

"原来如此。"我接着问，"飞机遇到危险时，怕不怕？"

"害怕总是有的。但怕有什么用呢？"贾老师笑起来。

飞机起飞，每次空姐来服务，贾老师总是欠身说谢谢。飞机降落，他在质检卡上认认真真地写了一大段话，对机组人员的服务表示感谢，微笑着跟空姐道别。

扶着贾老师下飞机，我忽然想起多年前，有一次学校里举行活动，贾老师让我查看嘉宾是否到齐。我站在嘉宾

VIII

席前，伸出手指点人数。正好被贾老师看到了，他急忙走到我身边，小声说："不要用手指……"我一下子反应过来，脸涨得通红。贾老师说，学作文就是学做人。我从贾老师身上学到教育教学方法，更学到如何做人。

到了厦门，我觉得贾老师的状态不太好，于是就悄悄地跟活动主办方打招呼，请他们作好贾老师无法上课的准备。没有想到，活动最后一天，贾老师还是拄着手杖上台了。站在台上，他竟把手杖放在一边，开始上课。他拿着话筒，在课桌椅间走来走去，我的心一下子提到了嗓子眼。因为医生说过，千万不能让贾老师摔跤。课上到一半，为了让小朋友理解"推敲"的意思，贾老师竟然让一个孩子上台表演推他的动作。我的背上立刻惊出冷汗来。万一小朋友不知轻重把贾老师推倒在地怎么办？还好，课顺利上完，担心的事情没有发生。课后，我问贾老师："怎么在台上不用手杖了呢？"他笑笑说："这就是精神的力量……"

贾老师是素描作文理论的建设者、实践者，课堂表演是素描作文教学常用的手段。患病后，有一次上素描作文课，贾老师依然用表演的方式再现生活场景，激发学生兴趣。课后，我写下感想。

小学生写作文的难点无非两点——不知道写什么和不知道怎么写。其中后者尤难。贾老师的素描作文将生活中的场景搬进课堂，让学生通过情境和材料具备形成典型表象的技能。这样便能很好地解决前述难题。典型表象就是那些最能反映事物本质特点的知觉形象。学生一旦在头脑中能对某事某物形成典型表象，就能将一篇文章的骨架搭出来。贾老师在教学中安排了一次表演，就是培养学生这一技能。看似随意的表演，其实并不简单。贾老师先是口述情节，再为参加表演的学生"说戏"，随后才表演。最后还组织学生将表演内容梳理成几句话。在此基础上，才让学生动笔。由于设置了坡度，学生习作难度降低了，这有助于学生形成良好的作文心理。有人总担心材料作文会影响学生的想象力，其实，完全不必担心。当学生学会怎么写后，他们的想象力便犹如插上翅膀，能够自由翱翔。

2009年，贾老师查出得了癌症，除了每三个月做一次检查，几乎不做治疗。他照旧去各地讲课，传递思想和经验，让年轻老师们懂得应该怎样上语文课。一站到讲台

X

上,贾老师就精神矍铄,声音洪亮,反应灵敏,一手漂亮的粉笔字依旧苍劲有力,完全没有患了重病的样子。几个师兄弟开玩笑说,贾老师是把课当药。

几年前的一天,我在电话里与华东师范大学出版社的朱永通君说起贾老师的语文教学。我说,贾老师青年时代因为家庭原因,饱尝艰辛,能由一个代课老师而成为著名的语文教育专家,个中的努力和坚韧不是三言两语可以道尽的。现在身患重病,但依然葆有这股韧劲和对语文教学的热爱,实在叫人感动。贾老师的经历与其他同辈名师太不一样,他的人生起伏与国家几十年的变迁紧密相关。个人叙事能折射出时代的进步与发展。他的经历最好用口述历史的方式记录下来。而且,这份口述历史由我来做最合适。原因一,我与贾老师共事多年,对他的教育教学思想很了解,对他的行政管理工作也很了解;原因二,我与贾老师同是浦东人。他说到的方言,我能理解。他提到的故人,有不少我也认识。本是随口一说,没想到永通兄连声表示赞同。

2017年春节,我用了数天时间,为贾老师录音。录音中有时需要了解一些细节,贾老师就会打开电脑,让我看里面的资料。贾老师年轻时就喜欢写文章,投稿。有关部门为他举行从教 40 周年纪念活动前，我曾想编一本《贾志敏文存》。因为当时，我看到过很多他早年间写的散文。一个有成就的教师，一定是丰富的，那些专业之外的文章往往能更全面地反映名师成长的轨迹。可惜，那本书最终因故没能编出来。贾老师年近 70 时学会了电脑打字，他视力不好，打字时，脸几乎贴在屏幕上。几年中，他竟在电脑中写下几十万字。患病后，他还每天写日记，已写了近十年。

贾老师坐在电脑前一边移动鼠标一边为我讲解。恍惚间，我好像回到了 20 多年前，我坐在他办公室里，看他拿着红笔，在文稿纸上修改我的文章。

朱　煜

2018 年 5 月 28 日定稿

# 一 "酱油瓶"·含羞草

在我降生到这个大千世界之前,父亲已经有七个孩子。所以我排行第八。

我们这个家庭,奇怪得令人不可思议。父亲是个腰缠万贯的大商人,而母亲却是一个目不识丁的农家女子。她八岁起就在日华纱厂当童工,受尽包工头的毒打折磨。他们结为夫妻之后,彼此间很少有共同志趣,共同爱好,共同语言。他们在一起的时间不多。父亲长期奔波在外做生意。我小时候,一直随母亲生活在乡下。

抗日战争爆发的第三年,母亲生下了我。从我懂事起,只记得母亲经常拉着我"逃难"。刺耳的空袭警报拉响之

父亲、哥哥和姐姐

后，母亲放下手里的活，背着我，朝乡下的旷野里没命地奔跑。当我们卧倒在田野、水沟边时，就会看见日本侵略者的双翼飞机在低空盘旋、轰炸。此时，我们一动也不敢动，连大气也不敢喘一口。天黑了，母亲才背起已经熟睡的我，随着人流一步一挨地回到家里。

有一天，我独个儿在外面玩。空袭警报突然又拉响了，我顾不得回家，随着邻居们死命地奔跑。日本侵略者的飞机跟在我们后面狂轰滥炸，树倒下了，泥土飞起来了，我

2

蜷缩在沟里不敢吱声。飞机还在盘旋，硝烟还在弥漫，旷野里死一样的沉寂。突然，传来一阵撕心裂肺的叫喊声："志敏——志敏——"啊，母亲像发疯似的叫喊，奔跑。我一跃而起，朝母亲身边奔去。母亲抱住我滚倒在小沟里。我清楚地记得，当时，母亲的脸颊上挂着泪水，她把我搂得紧紧的……

以后，母亲逢人便说，这孩子自己也会逃难求生了。记得，那一年我五岁。

那时，我们跟穷苦的贫民居住在一起。我喜欢跟穷人的孩子一起疯玩。我们把泥巴捣烂以后，捏泥房子，捏泥人。有一次，我提议捏个泥棺材，里面放日本侵略者。大伙儿同意我的意见。于是，我们用泥巴做了一个大棺材，还摆了好多小泥人，让小泥人手里擎着太阳旗，以示他们是日本侵略者。我们用石块、砖头当炸弹，把泥棺材砸个稀烂……我们玩得十分高兴。恰巧此时父亲走过，看见我跟那些穷孩子在玩，我的脸上、手上全是泥，他不高兴了，伸手打了我一大巴掌，还说我像野孩子，小瘪三……，不准我跟他们一起玩。好在父亲不跟我生活在一起，他管不着我,我仍然跟这些穷孩子一起"造房子",打弹子,打棱角,掷泥块。当时,跟这些穷孩子在一起玩是我最高兴的事了。

抗战胜利后,父亲因为经营运输、木材、房地产等生意,赚了不少钱,便在静安寺地区买了一幢大洋楼,我们全家从浦东搬入新居。从此,我失去了那些很要好的小伙伴。

由于长期不跟父亲生活在一起,所以我对他很陌生,一年里也说不上几句话。虽说,洋楼里面生活条件很好,可是我不能玩,失去了好朋友,非常寂寞,我就像关在笼子里的小鸟。于是,我偷偷地给浦东那些穷孩子写信,在信中告诉他们,我很想念他们,我生活得一点儿也不快活。

有一天,父亲直呼我的绰号说:"'酱油瓶',花园里有一棵草跟你很像,我带你去看看。"我觉得很奇怪,我怎么会跟草相像呢?就跟随父亲来到花园里。父亲指着那一棵草对我说:"你看,就是这一棵。"说着,他用手指轻轻一碰它,这棵草的叶子就慢慢地卷拢了。这种草我还是头一回看见,嘴上不问,心里却在想:这是什么草,父亲为什么说这草跟我相像呢?

父亲告诉我，这叫含羞草。他说我不爱说话，很腼腆，像个姑娘，跟这含羞草不是差不多？啊，以前父亲说我是个野孩子，如今却说我像棵含羞草。

父亲对我的评价没有错，那时候，我的确不爱说话，也怕跟人接触。家里有客人来，我就躲在自己房里不出门。

## 二 林先生

到了上学的时候，我先是在浦东念小学，那时我的学习成绩不太好。

一次，我作文又不及格，父亲知道以后气得脸色铁青，赏我巴掌一个，愤愤然道："长大了，拉黄包车去！"

后来，我喜欢语文并爱上作文，全缘于一套丛书。它从何而来已无印象，只是依稀记得，这套丛书有十余本，封面皆为金黄色，直排本，有插图。故事生动，内容有趣，图文并茂，语言好玩。读过之后，忍俊不禁。其中几本书的名字至今还留有印象：《大人国》《小人国》《君子国》《小气国》《糊涂国》《吹牛国》……

书名诱人，内容荒诞。我如获至宝，白天看，黑夜看；吃饭时看，走路时看，连上课时也会不顾一切偷着看……

一天课上，我正看得如入无人之境时，先生悄无声息地走到跟前，抽走我手中的《糊涂国》，翻了几页，脸色变得极为难看。她大声斥责："糊涂虫还看《糊涂国》，越看越糊涂！"她还捧起书，当众读了几节文字。不料，读毕，全班同学皆被书中的有趣文字逗乐，笑得东倒西歪。被罚站的我则咧开嘴窃笑。书被没收，令人沮丧，但读书兴致并未泯灭。以后，我依然忘我地读课外书，只是不敢在上课时偷着看了。

读三年级了，我的学业长进不大。一个夏夜，极少见面的父亲居然到我们屋前场头上纳凉来了，实在难得。闲谈中，得知我书读得不好，他一时兴起，让我即时写一篇作文给他看看，题目就叫："我的父亲"。

屋子里闷热难熬。我伏在桌子上艰难地一个字一个字地写着。过了好久才拼凑成一篇不像样的作文，七个兄姐传阅后笑倒一片：

"父亲是做生意的，下面的人叫他老板，我叫他爷（音ya，读第二声，旧时上海人对父亲之称谓）。我很少见到他，因为他回来就到'小姆妈'那里去了（父亲娶有一妻一妾）。他赚钱给我们用。我怕他生病，他病了，我们就没有钱了。有一次，父亲坐黄包车（即人力车，旧时上海一种交通工具），他让车夫坐在上面，自己在下面拉，路上的人都笑了，说，'洋装'（即穿西装者）拉'瘪三'（旧上海对底层贫困游民之称呼）。"父亲看了这篇不足百字的作文居然颇感兴趣，说："不错，写得很像，很有趣。"还让正在大学读书的姐姐修改。姐姐是如何修改的，印象全无，只是依稀记得，自此，我似乎明白了不少：作文要写"真实"的，还要着力写"生动"。渐渐地，我爱看书了，爱动笔了，也会修改作文了。"兴趣是入门向导，习惯是成功先驱。"好习惯养成之后，我的成绩有了进步。

我父亲对子女的教育十分重视。哥哥姐姐全是名牌大学的毕业生。小时候，父亲让我临帖练毛笔字，我不愿意写。父亲说，写得好，写一张可以得到一角钱奖励，并让哥哥监督我。有一次，我想和几个同学去看电影。为了得到买电影票的钱，我一口气写了十多张。那次，我非但没得到钱，还挨了父亲一顿打。

上世纪四十年代末,我们举家迁到浦西静安寺附近居住,我也转入位于极司菲尔路上的觉民小学读书。因为成绩欠佳,加上没有学过英语,所以只能重读四年级。

这是一所由基督教教会创办的学校,学生家境都比较殷实。校规十分严格,说话必须轻声,行走不准快步。教职员工全是女性,一式黑色的服饰,还不准谈婚论嫁,否则将被解雇。师长态度极其严厉,一旦学生说了粗话,教师会当众给说粗话孩子的嘴边涂上红圈,三日内不准抹去。饭前要祈祷,餐后要鞠躬。犯规要被打手心,每周要做礼拜,还要唱诗读经。因为我从小散漫惯了,所以很不习惯这样的生活,也不喜欢这里的师长。

不过,也有例外。教我们体育的林慧先生,却受到所有学生的喜爱与欢迎。

林先生,二十来岁,时尚年轻,充满活力。因为她教体育,所以拥有不少特权,比如,穿着紧身牛仔裤,套着宽松运动服。有时,嘴里还嚼着口香糖。

林先生叫我们男孩从来不呼学名,只称由她杜撰的外号或别名。长得粗壮的叫"泰山""哈代",生得白净的唤

与林慧老师

"埃洛弗林""贾兰古柏"（美国西部电影明星名），比较厚道的便称"林肯""富兰克林"，抑或叫 Mr. 张、Mr. 李，因为我来自浦东，所以就叫我 Mr. 浦东。她走到哪，我们就跟到哪。林先生简直成了我们一群男孩心仪的女神。她，征服了我们这一帮男孩，也转变了我这个顽童。

那时候，还不时兴做广播体操。林先生不用吹哨子，只需弹着风琴指挥——这在当时较为罕见。出操了，我们踏着她所弹曲子的节奏，从各自教室来到操场。她一曲弹完,队伍刚巧整好,分秒不差。于是,林先生弹琴,我们做操。奇怪的是,她不用回头,居然能洞察操场上发生的一切。哪个同学不认真弯腰,哪些小孩在无端吵闹……都会被她逮个正着。原来,林先生放置琴谱的地方,嵌着一面镜子,她从镜子里能观察到操场上的每个角落。

做操之后,林先生就带领我们跑步,再之后,听凭大家疯玩——跳绳,拔河,踢毽子,爬竹竿——这是校园里最欢快的时刻。更让我们兴奋的是,林先生隔三差五地组织班际"司令球"比赛——类似篮球比赛的一项运动。那时候,大家对篮球运动知之甚少——两支队伍进行对抗,一队9人:3个前锋、2个小将、1个大将、2个挡小将,还有1个挡大将。比赛紧张激烈,十分有趣。逢到冠亚军决赛,校园里张灯结彩,像过节一般,师生簇拥在操场四周观看助威。气氛热烈,叫人难忘。林先生充当"勒夫令"(裁判),执法的时候,她将中指和大拇指含在口中鼓气猛吹,以代替吹哨,分贝高,效果好。

比赛结束,她用右手打一个"响指",于是,我们这些运动健儿笑逐颜开,屁颠屁颠地围着她鞍前马后。用现在的时髦话来说，那时的我们，绝对是林先生的"铁杆粉丝"。

说来也怪，自此，我变得守规矩了，变得爱读书了，成绩自然提高许多。有一次，我还被评为"模范生"，胸前挂着个红五星，到校园各处炫耀，心里美滋滋的！

弹指一挥间，30年过去。改革开放时，觉民小学那些海外校友回到上海之后，最想拜见的就是这位林慧先生。

林先生终身未嫁，孑然一身。

1999年，有关部门拟举行"特级教师贾志敏从教40周年"的庆典活动。我得知林先生在浦东居住，就登门拜访，盛情相邀。庆典那日，宾客济济一堂，林先生应约赴会。半个世纪过去了，她苍老许多，满头银丝，皱纹爬上额角，步履不如以前那样轻快敏捷，身上特有的青春与活力已经不在。然而，她依然精神矍铄，气质高雅。我握着她的手，嘘寒问暖。她不无自豪地告诉我："做教师真好……我的学生遍布天下。香港特别行政区现任行政长官董建华也是我的学生。"

轮到她登台演讲，她说："我当了一辈子小学教师。做教师无上光荣……社会的中坚力量必须靠教师来培养。"

她的发言简短有力，获得的掌声热烈持久……

# 三 寄人篱下的日子

我父亲是个商人。身处乱世，为了求生存谋发展，他周旋于各色人等之间，左右逢源，人脉广大。在解放前，他还利用自己的人脉关系营救过两个人。一个是后来曾任全国人大常委会副委员长的朱学范。当时国民党政府要抓捕朱学范，我父亲知道消息后，急忙转告朱，并给了路费，让他逃到香港。

另一个叫郁品芳，解放后做过上海市经委主任。郁的父亲是我父亲公司的职员。解放前，郁在上海从事地下党工作，印刷宣传资料，不幸被捕。后来我父亲通过自己的人脉关系，解救他出狱。

解放前，我的一个姐姐也参加了地下党的外围组织。她在圣约翰大学读医科。他们要开会时就到我家来。我就坐在家门口一边玩一边给他们"放哨"，帮他们买花生、买瓜子。

解放初，正在海外发展事业的父亲，应邀回国。1951年4月27日被捕，8月被错杀。父亲被杀前，有关部门曾通知我们家属去探监，但因为各种原因最后没有去成。与父亲有关的很多信息也就这样失去了。

财产被没收，我们戴上"反革命子女"的帽子被扫地出门。全家30多人只能各奔东西。时年我11岁，读小学五年级，被安排借住在我父亲的秘书家里，一直到高中毕业。

寄人篱下的日子是难熬的。母亲回到浦东种地，农闲时再到冰厂去挑冰赚点小钱。我还是个孩子，没人管。床铺一掀开，全是臭虫。到了吃饭的时候，主人让自家孩子在楼下喊："要吃饭的人可以下来了。"我只能坐在饭桌最边上的位置，夹一点菜闷头吃，还不许添饭。那时我正在发育期，胃口很大，实在饿得不行就步行两个小时，从东湖路走到十六铺，坐轮渡到浦东，走到庄家桥、钱家巷去哥哥姐姐家吃点东西。

学校每天下午三点多钟放学，我不想回去，就去一家私人办的鸿英图书馆看书。在那里看一个多小时的书报。晚饭后，再去长乐路富民路路口的上海历史文献图书馆看书。看到晚上九点，图书馆关门，才回去休息。每天如此，泡两个图书馆，一边读书，一边做笔记。现在想来，我的语文基础就是这样打下的。那时没有人管我学习上的事情，所以书念得一般。读书之余，我常常想以后要成为高尔基、狄更斯那样的文学家。

我念的觉民小学是当时的贵族学校，因为家中变故，我进了肇光中学念初中。这个学校校风不好，学生都不爱学习。我很不适应。

有一天语文课上，老师在讲课，因为这个老师经常挖苦学生，我一点儿也不喜欢他，对他没有好感。他讲他的，我做我的。那天，我正在做小动作，被他发现了，他提了一个很浅显的问题要我站起来回答，由于我走神，根本不知道他提了什么问题，所以站起来以后十分尴尬窘迫。他见我答不上来，便调侃我，同学们也嘲笑我。此时，我羞得无地自容。老师又把问题重复一遍。因为问题很简单，我听明白后完全可以答上来，然而，此时的我，自尊心受到伤害，我闭着嘴，噙着泪，就是不开口。僵持了好几分钟，这位先生发怒了，说了声："啊，他是维纳斯女神，既没有手，也不会开口的！"同学们听了，笑得更厉害了，我更是怒火中烧。

我是维纳斯女神？我没有手？我不会开口？于是，我发愤读书，决不做被人瞧不起的无能之辈。我变得勤奋起来，积极要求上进。1956年加入青年团，那时一个班级里只有六七个团员。

父亲遭难后，家里穷得连眼镜也买不起。只能在马粪纸上扎个小孔，据聚光原理，把它放在眼睛前观看黑板上的字，还挺管用。教物理的是王老师。课上，他常穿插些笑料调节气氛。一次，我正把马粪纸放在眼睛前看黑板抄笔记。猛然，马粪纸被王老师抽走，他把它放在眼睛前，调侃着说："这里面有什么西洋镜可看的？"此语一出，引得哄堂大笑。性格内向的我一时语塞，直感到脸上滚烫滚烫的。

没有了马粪纸，我只能弯曲食指来替代，继续抄写。

岂知，王老师以为我明知故犯，与他过不去，一把将我拉离座位，罚我站在黑板前，我羞得无地自容。

之后，我再也不喜欢上他的物理课了。他讲解电阻、电容，我偷看故事、小说。物理成绩一落千丈。

半个世纪过去了，在一次校友会上，我又见到这位王老师。

那天，我们这班学生相聚在安福路上的一家餐馆。当年的毛头小伙都成了白发苍苍的老者。年过八旬的王老师居然也来了，实在难得。师生围坐一起，欢声笑语，谈兴正浓。王老师对我竟然还留有印象，指着我说："记得，记得，现在成了大名鼎鼎的贾老师了，电视上见过。"

席间，我起身向王老师表示敬意，无意间旧事重提，并向他致歉：当年，没有上好他的课。岂知，他一脸茫然，压根儿想不起当年这样一件不愉快事情："啊？有这般事？我没有印象！"他站起来，举着空杯，严肃地说："我本来不喝酒的。今天给我满上，我一定喝下这一杯罚酒！"

酒在晃动。他对我说："请接受我这一份迟到的歉意！"说完，一饮而尽。也许意犹未尽，他又说："我教学上一次无谓的过失,也许扼杀了一位有成就的物理学家。"

他眼眶里噙着泪水。我脸上也是滚烫滚烫的。

初中阶段的记忆好的不多,不过那时班级里的一个同学倒是可以说说,现在想起来还总是发笑。那同学姓应,因为头长得有些扁,大家就叫他"菜刀"。他住在南昌路,家里条件很差,常吃烘山芋,吃多了就放屁。于是又得了一个绰号叫"屁精"。一天,他问我,想不想吃烘山芋。那时大家都饿。我说,当然想啊。他告诉我常熟路口有一个烘山芋小店。营业员下班后,炉子里通常还会剩下几个烘山芋,他常去拿来吃。放学后我们就去了,果然有,吃得很开心。"菜刀"因吃烘山芋而得到的屁还发挥过重要的作用。某次,我们犯了错,老师让我们在办公室罚站。结果,站了好久,老师也不让我们回家。"菜刀"问我,你想回家吗?我说,当然啊。住在别人家里,回去晚了,连饭都没得吃。"菜刀"就在办公室里放了个屁,把老师熏得够呛,老师立刻放我们回家了。还有一次,一些同学打架,怎么也劝不开。"菜刀"走到跟前,一个响屁,"毒气"袭来,打架的同学立即四散奔逃。

# 四 代课教师

1958年我念高三，语文老师姓高。一次高老师出了一道作文题："在'大跃进'的日子里"。我写了一篇《试续狂人日记》，学鲁迅写《狂人日记》的笔法写当时的社会情况。文中质疑了十年内"赶英超美"的口号和大炼钢铁的行动。不多久，高老师评讲作文，说，这次我们班出现了一篇奇文，"奇文共欣赏，疑义相与析"。于是就把我的文章作了一番分析评讲，说这篇文章有思想问题。多年后我才知道，当时正值"反右运动"后的"整团"，高老师把我的文章交到区委，最后被定性为反动学生写的反动文章。我被开除出团。我的品德评语被定为"差"。那时考大学一年两次，两年时间，我考了四次大学，虽然读书还算用功，学习成绩也不差，但都因为这个"差"以及"出身于反动家庭"，没被录取。

高中毕业，求学无门，生活无着，只能靠打工代职谋生。我啥活都干：拉车、扛包、送药、绘图、代课……凡能挣个十元、八元，是不敢放弃机会的。做的最多的是代课。哪个学校有教师休病假，我就忙着去代课。遇上"产假代课"，就更难得了。那时，产假56天。遇着一个"产假"，至少可以代课两个月。再说，小学里女教师多，代了这个"产假"，另一位教师又"生产"了……

我第一次代课是在正泰橡胶厂的职工业余学校，当时叫我去代高中数学课。我自己只是一个高中毕业生，也不会教书。我记得有一节课，自己说得起劲，上了一个多小时都没有讲完，只好下课。后来厂里让我去编厂报。当时正值国庆十周年，厂里要拍一部向国庆献礼的影片，我还写了一个电影剧本，交了上去。就这样做了三个月。估计厂里查了我的档案，就不要我了。于是我就去了生产飞马牌香烟的华成烟厂的子弟学校教书，教六年级学生，做班主任。

那时，我自己也是个大孩子。每天和孩子们一起玩，上课，一个学期下来，原本的乱班被我教好了，还转变了"差生"。可是，不多久，也许又是出身不好的原因，学校也不要我了。

接着，我又到齐齐哈尔路第四小学代课。学校给了我一个最差的班级——六年级——一个老师无法走进去上课的乱班。那时很多人家庭条件差，上学比较晚。我当时才20岁，而学生已经十六七岁了。结果这个班也被我教好了。1961年6月24日，《解放日报》刊发了我的一篇两千多字的文章——《中队日记》，是我教这个班级的手记，文章中介绍了我如何与学生打成一片，如何家庭访问，如何转变学生。那时的《解放日报》才四版，文教方面的消息刊发得很少，而我的文章写的是小学里的事情，写的是具体学科的教学情况，居然刊登了。文章登在第二版的右下角。文章一发，学校就知道了。教导主任把我叫到办公室，跟我说："你的成绩我们已经看到了，你想转正吗？"我听了，很高兴，说当然希望转正啊。于是，教导主任给了我一张转正申请表。我回到家就填写好了。暑假里还把下学期的课也认真备好，一心等着转正的消息。到了9月，学校打来电话，我高高兴兴地去学校。谁知，校方说，外调过了，不需要我代课了。外调人员在我的档案里写了一句话——此人不宜录用。

后来经人介绍，我来到浦东，在浦东南路小学代课。一直教毕业班，教一个班，好一个班。现在想想原因：一是因为年轻，精力旺盛，整天与学生在一起，了解他们，帮助他们；二是严格要求，立下规矩，多多关注难教的学生，建立良好的班风。

那时，遇到教学上的问题，我经常向大姐求教。

大姐贾志勤，长我14岁。1948年毕业于上海圣约翰大学英文文学系，高材生。她的口语极好，一次，在有轨电车上，见洋人无端歧视华人，她就用流利的英语和洋人争执起来。事后，洋人连声道歉："sorry, sorry!"

解放初，大姐在上海徐汇女子中学执教英文，很受学生欢迎。由于历史原因，英文这门学科被砍，她只得改教语文，同样教得出色。徐汇女中改为上海市第四女子中学后，她是学校中为数不多的高级知识分子，1989年被评为首批中学高级教师。

大姐教我如何把握教材、如何设计教案、如何驾驭课

与兄姐在一起

堂、如何评改作文等。由于她学识渊博，语言生动，语感极佳，普普通通的一件事情，只要出自她口，就会变得有声有色，叫人爱听。她所介绍的一个个"教例"，给我留下了深刻印象。记得，她告诉我教《评战犯求和》一文时，是这样导入的：

  首先，指出"战犯"是指那些发动战争，对人类犯下滔天罪行者。德国希特勒、意大利墨索里尼、日本东条英机等均系战犯。接着指出,"和"指和平。"战犯"与"和平"格格不入,水火不容。如今,"战犯"却乞求起"和平",这岂非咄咄怪事?对此,毛泽东同志如何评论?这正是今天要学习的《评战犯求和》。

寥寥数语,言简意赅,行云流水,丝丝入扣。既揭示课文题旨,又激发学习兴趣,可谓精彩之至。

大姐常对我说,教师首先要爱生,其次要读书。爱生是立业之本;读书是立身之本。

大姐是一个知识女性。一个女人带着四个孩子,住在仅八平方米的斗室里,生活艰难。但是她依然精神振奋、热情高涨,全身心投入教育教学工作中。

四个孩子由于恰逢知识青年上山下乡大潮,没有一个读大学,这令大姐有些伤感。然而,让她庆幸的是,她教出了一拨又一拨的优秀学生。她常常把得意门生的名字挂在嘴边:华东师范大学中文系教授沈惠乐、著名电影配音演员刘广宁……

大姐十分眷恋教师这份工作,临退休之际,还羡慕兄

弟姐妹仍能在讲台上授课,她说:"人生就像坐电车。平时忙忙碌碌,上车又下车。退休了,就像坐车到了终点,下了,再也不需上了。"

大姐手脚麻利,思维敏捷,身体一向很好。1998年,她去澳大利亚墨尔本探望幼子,一住就是半年。岂料回国之后,身体每况愈下,记忆力越来越差,语言也不如以前那么清晰与犀利。最终瘫倒在病榻上,连生活也无法自理。

每每我去探望她,她仅睁开眼睛瞥我一眼即昏睡过去,连半句话都不愿多说。此时,唯从她的眼神里,我才能看懂她想对我说些什么。

大姐生性好强,不肯轻易服输。她常说:"人不能有傲气,却不能没有一点傲骨。"

病倒之后,她不要别人同情,更不求他人怜悯。她执意不让同事、学生去探望她。

大姐是一个极其普通的教师,也是她这一代知识分子中的一个典型。

大姐去世多年,然而,她那平凡的人生、朴素的语言一直感动着我。在我的教学里就有大姐的影子。

后来，在教《我不怕鬼》时，我是这样导入课文的：

师："字如其人"，意思是，做人要老实本分，写字要规范认真。（板书"鬼"）

师："鬼"字读第三声。它有几笔？

生甲：九笔。

生乙："鬼"字有九笔。

师：都答对了。但是我更喜欢乙同学的回答，因为她的话完整。如果用部首查字法查这个字，该查什么部？

生：查撇。

师：（见无人提出异议）可惜，你们和我犯了同样的错误。该查鬼部。你们见过鬼吗？

生：（不假思索）见过——

师：（吃惊）见过？真是"见鬼了！"

（此时课堂气氛十分活跃）

生：（迅速改口）没见过。

师：以前，人们对一些自然现象无法解释时，误以为是神在主宰世界的一切。人生在世，凡积德从善者，死了就上天堂

成仙；凡恶行满贯者，死了就下地狱成鬼。据说鬼的形象丑陋恐怖，所以人们都怕鬼。（在"鬼"字前添加"怕"字）

有神论者怕鬼，无神论者则认为世上没有鬼。他们不怕鬼。（在"怕鬼"前添加"不"）

有一个人就"不怕鬼"。谁？是"我"。（在"不怕鬼"前添加"我"）

师："我"是谁？

生：鲁迅。

师：对！鲁迅是旧时的知识分子，所以人们都尊称他为"鲁迅先生"。你们了解他吗？

（学生纷纷介绍各自对鲁迅的了解，教师再作系统概括。）

师：今天，我们要学习的课文《我不怕鬼》讲的是鲁迅先生从日本留学归来不久发生的一件事。

如此导入课文，既介绍鲁迅其人和故事背景，又能激发学生阅读的兴趣。

## 五 苦难岁月

我深知代课的工作机会来之不易，十分珍惜，努力工作。1966年5月1日我结婚，上午还在陆家嘴体育场带着学生开运动会，下午才回家办喜酒。那时真的是全身心地扑在教育教学工作上。

可是平静的生活实在太短暂，史无前例的"文化大革命"开始了。"革命洪流"洗濯"污泥浊水"。我们八个兄弟姐妹无一例外遭到冲击。正在大学里教书的长兄被红卫兵殴打致残，病死医院。

1966年8月25日，学校组织党员积极分子去上海社科院参观阶级教育展览会，其中有一个房间里竟然全是我

父亲的黑材料。8月26日,我被"揪出来"关入"牛棚",批判斗争,游街示众。戴着尺余高帽,手执破簸箕、坏笤帚,爬行于操场上,被赶挨打。在"革命群众""红卫兵"的"簇拥"下,从一楼爬到四楼,墨汁涂满衣襟,满头满脸的鼻涕口水。

人的尊严丧失殆尽。

这样的日子一直持续到1968年。"清理阶级队伍"运动开始了。我历史清白,未有劣迹,但仍不能教书。我的工作是冲洗厕所、打扫校园以及随时接受批判斗争。

下面一幕,我永远无法从记忆中抹去。

秋日,已有几分寒意。我被唤进一个办公室面壁思过。我明白,又要当一回"活靶子"了,此时我已几近麻木。

一年级近200个孩子席地而坐,又呼口号又唱语录歌曲。这一天,他们要学的课文是"雄文四卷"的首篇首句:"谁是我们的敌人?谁是我们的朋友?这个问题是革命的首要问题。"

读过句子之后,执教老师问:"什么样的人叫敌人?"

学生答:"坏人就是敌人。"

老师肯定这一回答之后,又问:"谁是坏人?"

一个学生说"黄世仁是坏人"之后,其他学生相继补充,"还有南霸天、刘文彩、座山雕、刁德一等"。老师又问:"这些坏人你们见过吗?"

学生齐声回答:"见过——"

"哪儿见的?"

"电影里。"

老师说:"不对,不对,那是演员演的。真的敌人见过没有?"学生当然说没有。于是,这位老师趁热打铁,说:"那么,给大家看一个真的敌人!"

于是,我被摁着头,反剪着双手押到这些天真的孩子面前。

此时,教室里群情激昂,口号声震耳欲聋。

我的姓名成了"敌人"的注脚。从此,我成了人人喊打的过街老鼠,度日如年。学生见到我,纷纷向我吐痰、擤鼻涕。我买了一辆自行车,几天工夫,就被学生拆得粉碎。那年,恰好是我而立之年。

有一次,我去倒垃圾,在垃圾箱上看到一条反动标语。

我就向学校内的工宣队头头汇报。我话未说完，工宣队头头一个耳光打来，眼镜被打出老远。那头头叫骂道："不是你干的是谁干的！自己作案自己报案。"于是我被关在学校里，一直拷问到晚上十点多，要我承认是自己干的，不承认就不准回家。到了吃饭的时候，我被人押着去食堂。直到那个写反动标语的人被找到，这事才不了了之。

在那个几乎令人窒息的年代里，我没有动摇过对事业的追求，没有对人生、对前途丧失信心。我对生活仍然充满希望。我深知只要不失去自信心，只要对事业、对理想尚存一息希望，那么，厄运可能是一份深不可测的宝藏。

希望是热情之母，它孕育着力量，孕育着生命。希望是世间万物的主宰。

在无法上课的日子里，我学会了做木工活儿。我能做桌子。我学会了踩缝纫机，自己做衬衫。还学会了做煤球炉，不是普通的，而是用油漆桶做，在油漆桶内做一个炉芯。我做的炉子很好用，很受欢迎。

1971年，国家出台了临时工转正的政策，我终于成了学校里的正式教师。

1973年，浦东组织教学活动，要上公开课，结果没有人上，就叫我上（课题是"写读书笔记"）。各区教师代表500多人来听课。会场门口有人贴了一张大字报，题目是"这样的人可以上公开课吗？"我就在这样的气氛中上完了公开课。

"文革"中那些批斗、折磨过我的人，在"文革"结束后，没有一个向我道过歉。

# 六 实验班

1976年,"文革"结束,拨乱反正,有错必纠,强加于我身上的一切不实之词,终于被推倒。"乌云终拨开,天日又重现。"知识分子的春天到来了。

我拼命地工作,感情是朴素的,动机是单纯的。一则,想把失去的时光追赶回来;二则,想向人表明我决不是如人所说的那种人。走路快了,吃饭快了,连骑自行车的速度也比往常快了许多。我只图省出些时间,多读些书,多备点课,多和学生接触,多出一点成绩。

七十年代末,有一天我看到报纸上刊登了一则消息,内容是:昌邑小学有七个学生因为成绩优异而跳级。当时国家提出"多出人才,早出人才,快出人才"的口号,我雄心勃勃,心想七个学生跳级不算什么,我要让一个班级的学生都跳级。于是我向学校提议"由本人语算包班,一年教完两年课程,四年级学生随五年级一起报考中学"。经过校领导同意后即付诸实践。我夜以继日地干,曾晕倒在讲台边,被唤醒后"不下火线",继续工作。一年之后,学校正准备让学生参加小升初考试,没想到区教育局不同意,认为小学生升入中学要看综合素养和各学科的成绩,不能只看语文数学成绩。消息传来,家长们不乐意了,说当初实验时怎么没有提出反对意见。于是,我向上级部门写了人民来信,反映情况。后来结论下来了,实验班的孩子可以参加考试,但只能考重点中学,而且需在重点中学的录取分数线上加 20 分,满足这个条件的进重点中学。达不到分数线的,回小学读五年级。虽然要求很高,但还是有不少学生达到了分数线。

当时,这件事在社会上,在教育界引起了热烈讨论。

此一时,彼一时。假如用今天的目光去审视这一事件,我的所作所为近乎荒谬可笑。唯一获得的好处是,在这一

教学生字

年的教学实践中,对如何有效地提高学生语文水平,我摸索到一点方法,总结出一点经验。简而言之,就是:把课堂还给学生,把时间留给孩子,教师须精讲,学生得多练。

有一天,我在报纸上看到一条简讯,介绍同济大学附属东方医院的主任药师翟晓波开发了一套"智能化用药监控警示互动系统"。新闻边上,附着翟医生的近照——一位50岁左右的学者。

我仔细端详,最终确定,这位翟医生正是当年实验班里的学生。

实验班学生的作业本我一直保存着。我从书架上把翟晓波的作业本找出来，本子上的字迹没有褪色，依旧清晰。我一边翻看一边情不自禁地想起当年做教学实验的情形。

那时上课，我总要花时间对学生进行单项读写训练。或"默写词语"，或"听写句子"，或"给文章添'小尾巴'"（续写），"给文章起个'名字'"（命题），"让作文和自己一起长大"（扩写），"让'胖作文''瘦身'"（缩写）……每天练习，每天批改，每天讲评，每天订正。学生兴趣盎然，我乐此不疲。

我还让孩子写日记。有话则长，无话则短，三言两语亦可，只要读来有趣就好。读着孩子率真的话语，看着学生稚嫩的字迹，我满心欢喜，似乎此时正在灯下跟孩子进行心与心的交流。一个孩子写的一段话，我至今还记得："爸爸的脸上长着密密麻麻的胡子。每天早上，他都要对着镜子刮胡子。每当他刮胡子的时候，我总会想起老师教的诗句：'野火烧不尽，春风吹又生。'"

……

后来我写了一篇《翟晓波的作业本》记录这次"巧遇"，

文章刊发在报纸上。我也因此又与翟晓波取得了联系。

还有一个有意思的情况值得一说。这个实验班共 44 名学生，其中有六人成年后在浦东当了小学教师，而且现在都是校级领导，工作上取得不少成绩。有人说，这就是一个敬业的教师对学生产生的巨大影响。我不敢说"巨大"，但我想，影响应该是有的吧。

十一届三中全会召开，邓小平同志复出，彻底改变了我的命运。我用自身努力，证明了我是一个称职的教师，改变了同仁对我的态度。终于洗辱雪耻，还我清白。

1978 年我被评为局先进，1979 年又被评为市先进，还当选为市人大代表。

# "还是读得太少"

1980年，我调入浦东昌邑小学工作，认识了华东师范大学（以下简称"华东师大"）教授戴宝云和李伯棠。那时我与戴宝云教授合作一个课题。戴教授有段时间每周来听一次我的课。从那时起，我在专家的指导下开始用科学的方法研究课堂教学。

那时，华东师大教育系李伯棠教授走出"牛棚"也不久，他不顾年迈，经常携夫人谢老师换乘数辆公交车横跨上海，来听我上课。听完后，他们总会提出一些改进意见。

记得，李伯棠教授话极少，常用地道的常州话反复说："还是读得太少！文章是白话文，学生一读就懂，何必分析

来分析去的？要留出时间让学生多读课文。"当时，我对李老的话语有些不解。日后，越来越体会到李老的语重心长，一语中的。

课堂上要"书声琅琅"——李老呼吁了整整半个世纪，然而，至今收效甚微。"讲肿了的课文"比比皆是。

阅读课上要少一点"繁琐分析"和"无效提问"，需要的是"书声琅琅"和"议论纷纷"。

多读，是我国语文教学中行之有效的传统。李白之所以能"日赋万言，倚马可待"，是由于他"五岁诵六甲，十岁观百家"。杜甫之所以能"七岁思即壮，开口咏凤凰"，是由于他"群书万卷常暗诵"的缘故。这个传统，我们应该继承和发扬。因此，我们在阅读教学过程中，必须重视读的训练，讲读课文一定要以读为基础，要求学生多读熟读。

读书的过程，正是咀嚼、消化、吸收、储备语言营养的过程。古人说："虽有佳肴，弗食，不知其旨也。虽有至道，弗学，不知其善也。"一篇好文章，不经过反复诵读，就不能领会其深刻含义。读得愈熟，领会愈深。读到滚瓜烂熟，作者语言就有可能转化为读者语言，自己在写作时，就会得心应手，运用自如。所谓"读书百遍，其义自见"，"读书破万卷，下笔如有神"正是这个道理。

学生在作文时反映出的词汇贫乏，语病百出，正是由于读得不多，背得太少。要解决这个问题，除了加强基本技能训练之外，还得要求学生多读多背。

指导学生

"多读"不是指简单重复读的活动,读有质量标准:正确、流利、有感情。所谓"正确",就是用普通话,发音清楚响亮,不读错字,不丢字,不添字,不唱读,不重复句子;所谓"流利",就是在正确理解的基础上速度接近于说话,避免不必要的重复;所谓"有感情",就是读得生动感人,要读出重音,正常停顿,运用适当的语调,要有适当的速度和节奏。

朗读是默读的基础。默读速度快,应用范围更广。

教师要加强对学生读的指导。精心设计课堂教学全过程,要做到每读一次都要有明确目的和要求,每读一次就要提高一步。"好书不厌百回读。"一篇好文章一定要让学生熟读深思,直到背诵。

但愿同仁们都记住李伯棠教授生前的劝诫:"还是读得太少!"

## 八　导师立岗

上世纪八十年代初，我教三年级。为了让学生把事物写具体，我把实物带进课堂，指导学生观察，然后让他们写片段；有时师生共演小品，再让孩子习作。效果居然不错。孩子们兴趣盎然，作文的能力明显提高。

上海第六师范学校梅仲荪老师听了我的课后，对我说："我介绍你认识一位老师，你们可谓'志同道合'，你见了他也许会感兴趣。"

在梅老师的帮助下，我终于见到了吴立岗老师。

那天，吴立岗老师在一所中学里作报告。30有余，中等个儿，不算太胖，待人和气。他语速不快，娓娓道来，

诙谐幽默，谈吐不俗，会场气氛异常热烈。

记得，他介绍的是苏联素描作文教学理论与实践。由于案例生动，和我正在实践的几乎一拍即合，所以我颇感兴趣。散会以后，我俩紧紧握手，相见恨晚。

那段时间，我经常上作文观摩课，听课老师也很多。只要我上课，立岗无论工作多忙，也无论路途有多远，总是早早地坐在讲台边，微笑着看我上课。课上完了，他总要发表些意见，犀利而中肯。

评完课，时间已经不早，他回家还有很长一段路，于

与吴立岗先生

是我留他共进晚餐，他也不客气。我炒两碗饭，煮一碗汤，课桌两旁，各坐一方，边吃边聊，十分惬意。

那些日子里，我们见面的机会较多。现在想来，真有点不可思议。那时，不知哪来这么多闲工夫，他不断过江来看我；我也会经常骑着一辆破车，蹬一个多小时，去他寓所小坐。有时不凑巧，他没回家，我就干等，由他大公子吴征接待。沏杯绿茶，陪我聊天，直到立岗归来，吴征才悄然离开。

1982年冬，中央教科所（现为中国教育科学研究院）张田若牵头，在山东牟平召开全国部分省市农村作文教学研讨会。立岗和我参会。其间，我有幸结识不少专家和学者：北京张田若，广东丁有宽、钟治祥，天津陈文彰等。我学到许多东西。我和立岗同住一室，朝夕相处，我对他的为人、处世有了更多了解。

凡是认识立岗或者和他有过接触的人，都会留有这样的印象：为人热情，乐于助人，没有架子，不难相处。

八十年代末，我和立岗去广东交流。肇庆小语会会长梁旭金和广州芳村教研室主任钟治祥一路陪同。当时，条件有限，主办方考虑到立岗是大学教授，给了他一个单间居住，

梁、钟和我合住一个三人房。晚饭之后，我们四人谈兴正浓，不知不觉，到了深夜。立岗怕影响他人休息，不想回自己房间睡觉，说："凑合一下睡吧。"然而，四个人，三张床，怎么睡？我们三人坚持让立岗睡床上，他却执意不依，提出"论资排辈"，按年龄算，从小到大。谁最小，谁就睡地板。当时彼此间均不知对方的确切年龄。所以，大家皆无异议。各自报出出生年月后，还是立岗最小。这一夜，他真的在地板上和衣睡了。他躺下不久，就鼾声大作，且震耳欲聋。当我们入睡时，天已经快大亮了。

说立岗是我的导师确实恰如其分，一点也不为过。

我做教师，纯属偶然。全凭一腔热情，苦苦摸索。

立岗送我《给教师的建议》，让我细细阅读；立岗介绍"素描作文教学"理论，指明我实践的方向；立岗指导我开展作文教学研究与探索。经过他手把手地帮教，我终于取得点滴进步。

他在深入了解我的作文教学状况之后，撰写了万余字的论文：《试论贾志敏老师的作文教学特色》。文章结尾是这么写的。

小学作文训练的任务主要是培养学生运用语言文字的能力。至于提高思想认识、发展智力技能、扩大知识视野、培养健康个性等，都是结合着主要任务恰当地完成的其他任务。贾志敏老师对这个问题的认识是正确的。他把全面提高学生素质作为作文教学的出发点，把激发学生的作文动机和兴趣作为作文教学的突破口，把鼓励学生表达真情实感和发展学生智力作为作文教学的保证，而把扎扎实实地掌握语言文字的基本功作为作文教学的核心任务。这样，他就理顺了作文教学中的各种关系，创造出一套完整的，以"高""趣""真""活""实"为特色的作文教学经验。

这番话，让我汗颜、忐忑，我只能权当鼓励与鞭策了。

我在课堂里搞语文教学实践，立岗则进行语文教学理论研究。我们互为补充，相得益彰。我从立岗那里获得很多有益的东西。立岗是我的挚友、导师。

我想，如果要撰写中国当代小学语文教育史的话，"吴立岗"的名字是绝对绕不开的。

# 九 素描作文

1985年6月13日,《解放日报》第三版发布头条新闻:

黄浦区昌邑小学八名学生在今年四月份举行的全国小学作文邀请赛中全部获奖。

这次全国小学生作文邀请赛由天津新蕾出版社举办,29个省市、自治区的小学生参加。昌邑小学四(2)班陈斌的《假如我有一支神笔》获一等奖,俞闻琦、李晔的《二十年以后的我》分别获一等奖和二等奖,张静等五名学生的《我做了一个美妙的梦》获三等奖和二等奖。由于该校成绩突出,昌邑小学荣获了这次比赛的"优胜"锦旗。

这条新闻发布后,在上海小学语文界引起了极大的反响,大家都在思索:一所普普通通的小学,何以能在全国性的比赛中取得这么好的成绩呢?他们的老师是怎样对学生进行作文指导的呢?

当时,一位记者特地来到学校作深度采访。

我告诉他,在小学语文教学实践中,传统的作文教学经验,自然有它的作用和价值。但是,某些旧的训练方法,却限制了儿童形象思维的发展。比如,有的老师让学生背诵典范文章,希望他们从"熟读成诵"到"出口成章";有的老师给学生找范文,进而让学生比葫芦画瓢地"仿写";还有的老师给学生列出写作提纲,让学生按提纲填内容。这样的作文训练,都是偏重于字、词、句、篇和写作知识的机械训练,实际上是让学生用自己的嘴去说别人的思想。久而久之,学生便不会观察,懒于思考,头脑空空,名句名篇背的不少,但不会灵活运用。因此,我们的作文训练,必须在教学思想、教学方法上作出重大改革,要在训练字、词、句、篇的知识、技能的同时,特别注意学生智力的发展和写作能力的培养。

我又告诉记者,我受到吴立岗老师的指点,把美术教学中的"素描训练"移植到作文教学中去,教学效果很好。

美术课上的素描,是让学生打好人物绘画的基础。画人首先要画好造型,不学好素描,人物形象就塑造不好。同样道理,作文中要把完整的人物、对象和事件写好,首先要学会独立地描写各个局部,包括单个物体、自然环境、房间、建筑物、人物外貌、连续动作等。不掌握素描的基本功,学生就不可能独立地搜集作文的材料,写出来的文章必然内容贫乏,言之无物,套话连篇。

我就是借用这种美术素描法,创设情境,把心理学的科学成果引进语文教学,引进作文训练的。这样的训练,充分发挥了儿童的情感因素和智力因素,活跃了作文教学的气氛,开拓了作文教学的新天地,使学生由怕写作文变为爱写作文。

记者好奇地发问:"在作文课上,素描训练该怎样进行呢?它的材料又从何而来呢?"

我回答说,指导学生写作文,当然需要材料。而素描训练的材料从哪里来呢?可以因地制宜,就地取材。比如指导

评改作文

学生写人物的活动，传统的做法是组织学生参加一次劳动，然后要求学生作文。可是，某种劳动的过程如果比较复杂，初学作文的同学写劳动场面就不容易写好。再说，教师要组织一次劳动，也很费精力和时间，同时为写作文组织劳动也不太合适。进行素描训练教学，则是另辟蹊径，教师可以设计一种"素描"练习，给学生创设一个特定的情境，把生活搬到课堂上来，让"生活"在教室里再现慢化了的动作，便于学生一边观察，一边思索，一边写作。

这种写作训练，我称之为"无声默写"。"无声默写"的具体过程是：

第一步，教师从粉笔盒里取出一支粉笔，转过身去，在黑板上画一个有眼、有嘴、有耳朵的人头像，要求学生仔细观察，将教师的这些动作"默写"出来，不仅要说明教师做了些什么动作（如"捡了一支粉笔"，"转过身来"，"随手画了一个圆圈"，"勾了一张大嘴"等等），还要加以具体的描绘。

第二步，教师请一位同学到讲台上，蒙上他的眼睛，让他给人头像添上鼻子。要求其他学生认真观察，把观察到的情况和自己的心理活动写出来。例如："再上去一点"，"不，再往左一点"，"我的心提到了嗓子眼"，"我真想上去帮他一把"，"啊呀！真糟糕，怎么把鼻子添到下巴颏上去了呢？"等等。

第三步，引导学生回顾课堂上哄堂大笑的场面，并要求学生把哄堂大笑的情景具体地描绘出来。例如："有的笑得像裂开的石榴合不拢"，"有的笑得前俯后仰"，"有的笑得捧着肚子哇哇直叫"等等。

在课堂上，师生共同做"添鼻子"的游戏，既培养了学生的观察能力，又提高了学生作文的兴趣。学生在欢乐的气氛中，学到了本领，完成了作文训练任务。

小学生的生活是丰富多彩的，他们的思绪也是十分活跃的。可是，有相当一部分学生写出来的文章却是内容空洞，语言干瘪，缺少情趣。这是为什么呢？这是由教师的

指导过细、限制过死造成的。我们看到过这样的情况，教师命题以后，往往从确定中心到选材、组材，从怎样开头到结尾，甚至每段该用哪些词都"喂"给学生，学生不必独立思考，便可以毫不费力地"连词成文"，交差了事。这种做法，偶尔为之，未尝不可。但如果经常如此，学生就会丧失写作热情，而没有情感的文章，自然也不会有生活的气息。相比之下，运用"素描"训练的方法，实在是激发学生写作热情，培养其写作能力的一种好方法。

素描训练可以用于描述一个活动场面，也可以描绘一件物品。比如人民币中的硬币，对小学生来说并不陌生，几乎天天接触。可是，他们从来没有想到，就是这样的硬币，也能作为写文章的材料。在一次作文指导课上，我要求学生观察并写出一分硬币的特征：它的形状、大小、质地、色泽、厚度，新旧程度，正面图案，反面图案，侧面花纹等等。这样的作文训练，培养了学生写作说明文的能力。有一个中等水平的学生是这样描述的：

*一分硬币，直径还不到两厘米。它的边上镶有齿轮般*

的花纹，正面有庄严的国徽，上方有"中华人民共和国"七个字，反面镌刻着两棵稻穗，中间写"壹分"两个字，下面注明铸造年份：1963。这标志着它已经为人民服务了21个年头了。我扳着指头算了一下，啊！它比我还要大十岁呢！

　　这样的训练，不但使学生做到言之有物，言之有序，还培养了学生仔细观察事物的能力和习惯。在素描训练中，状物是如此，写人也是如此。写人要重视肖像描述，而在这一步的训练中，我尤其注意让学生从周围的、熟悉的人写起。我常常在讲述有关外貌描写的知识以后，让同学自选并描述一位同班同学的外貌。文中不写对象名字，也不写对象"绰号"。写完后收起本子，再打乱发下去，每个学生批改一本，由批阅者指出被写的对象是谁。描写成功者，我当众宣读并予以表扬；描写失败者，我给予鼓励，让学生回家重写。如此这般，学生对人物肖像素描兴趣盎然，并且把描写的对象由班级同学扩大到家庭成员。有一个学生写的《外公喝酒》，绘声绘色。

我外公很喜欢喝酒，他每天吃晚饭的时候，总离不开那宝贝酒盅。

外公的鼻子很红很红，人们都叫它酒糟鼻子。这一天，他下班回家，看到饭桌上摆了花生米和红肠，就兴冲冲地拿出他的酒瓶。他坐下以后，用左手把着酒瓶，右手拧开盖子，咕咚咕咚地往酒盅里倒酒。酒一下子溢出了杯子，他连忙放下酒瓶，弯下腰，把嘴凑到杯边，猛喝了一口，又深深地吸了一口气。

这时，他把酒瓶摆到一边，举起酒杯慢慢地喝了一口，一边用筷子翻弄着红肠，不紧不慢地送到嘴里，品尝着这美酒佳肴。只见他半闭着眼睛，面带微笑，似乎忘记了周围的一切……

作文素描训练，也得讲究一个"序"字，遵循由浅入深，由简单到复杂的原则。因此，在训练过程中，我总是先"化整为零"，教会学生独立地描写各个局部，包括单个物体，自然环境，人物外貌、神态、语言、动作等等，进而指导学生运用文字如实地反映自己的生活，表现自己的情趣，表达自己的思想。这种作文素描训练，由于改变了传统的做法，课堂十分活跃，学生的学习积极性被充分调动了起来。经过两年训练，我的学生大都能较好地运用语言文字表达自己的思想，反映客观的事物了。

# 十 两节难忘的课

上世纪八十年代，除了得到大学里专家学者的帮助，我还结识了很多同行。像左友仁、万永富、徐根荣、武令仪等等，我从这些优秀的小学语文教师身上汲取经验，不断打磨自己的课堂，上公开课成了家常便饭。有两节课我至今难忘。

一次，我上《十里长街送总理》。一个小女生正声情并茂地朗读课文。读得实在太好了！闻者全都屏住呼吸，有几位听课教师还掏出手绢悄悄抹去泪水。

读完，我走到这个小女生跟前，问："有纸巾吗？"

小女生点点头从衣袋里掏出纸巾递给我。我弯着腰，把脸凑到小女生跟前，说："帮我擦去泪水，是被你感动的。"

泪水被擦去之后，我向她要这张纸巾，准备扔到纸篓里去。

小女生说："不给行吗？我想保存它。"我点点头，走开了。

那位小女生后来成了上海电视台的节目主持人。目前在英国皇家电视台主持华语节目。

学生是学习的主体，教师在教学中要充分调动孩子的学习积极性，给学生充分的时间和空间，让学生全身心地投入到学习活动中，他们才能真正学会知识、习得能力。一旦如此，教师能从学生身上得到意外的收获。

还有一次，我教的是《狼牙山五壮士》。一个平时沉默寡言的孩子要求发言，他指着文中的句子："班长斩钉截铁地说：'走，上棋盘陀！'"，怯生生地说："句子里多了一个'铁'字。"

"多了一个'铁'字？"我好生奇怪，问，"真的吗？"

良久，我才明白原委，便调侃他："你以为班长姓'斩'名叫'钉截'吗？"

顿时，哄堂大笑。他面红耳赤，几乎无地自容。此后，

这孩子就一直闷闷不乐。因为我的过失,极大地损害了这孩子的自尊心。

我懊恼不已,诚恳地向他致歉,并获得他的原谅,终于抚平了这孩子心灵上的伤痕。

他叫柳冬生,属猴,是冬天生的——我至今还记得。

这件事情一直萦绕在我脑际。它,让我懊恼,促我反思,叫我悔改,催我奋进。从此,我汲取教训,引以为戒,再也不敢懈怠,再也不做伤害孩子心灵的蠢事了。

与其说是我在教育孩子,倒不如说是孩子在"教育"我。我要感谢学生,他们让我知道,什么才是真的教育。

工人感谢机器,农民感谢土地,厂商感谢顾客,演员感谢观众,大夫感谢病员,同样,我们做教师的,要由衷地感谢不同的学生。

知不足,然后能自反也;知困,然后能自强也。

教学相长。

## 十一 《朱老师的眼睛》

上世纪八十年代末至九十年代中，人民教育出版社出版的小学五年级语文教材里，收录了一篇课文：《穆老师的眼睛》。

文章近千字，内容浅近，语言活泼，构思巧妙，充满童真和童趣，颇受孩子们喜欢。不少教师还将它作公开教学用。

文章开头是这样写的："穆老师的眼睛是双眼皮儿，乌黑的眼珠又圆又大。初看好像没有什么特别，可是你仔细一瞧啊，嘿，穆老师的眼睛会说话。"

接着，文章写了"我"在"穆老师"那双会说话的眼

睛的督促与鼓励下，克服陋习，转变为好孩子的几个事例。由于教材没有注明文章出处，读者可能会误以为是哪一位作家的作品。其实，这篇供五年级学生阅读的文章是一个二年级学生的习作。这个学生叫顾宇，在上海虹口第一中心小学读书，我教过他三年。

1980年起，每逢周日上午，我在上海少年儿童图书馆给小学生上阅读和作文课。一个早晨，虹口第一中心小学校长李鸿钧带着一个稚气未脱的孩子找到我，说："这个孩子叫顾宇，读二年级，很有天分，作文写得不错，请你带带他。"又补充了一句，"他父亲是个职业军人。"就这样，我收下了他。以后，每逢周日早晨，总看见一个军人带着这个孩子到图书馆来。

初次接触，我发现孩子无甚特别，皮肤黝黑，性格内向，不善言辞，也不见有出众之处。作业本上的字歪歪扭扭、大大小小，不像李校长介绍的那样"很有天分"。可是，他的习作有点"与众不同"，写的尽是孩子间有趣的事情。有一次，我试着推荐他去参加上海市小学生作文比赛。没想到，他写的《娇凤》日记七则，居然获得了特等奖。

和孩子在一起永远年轻

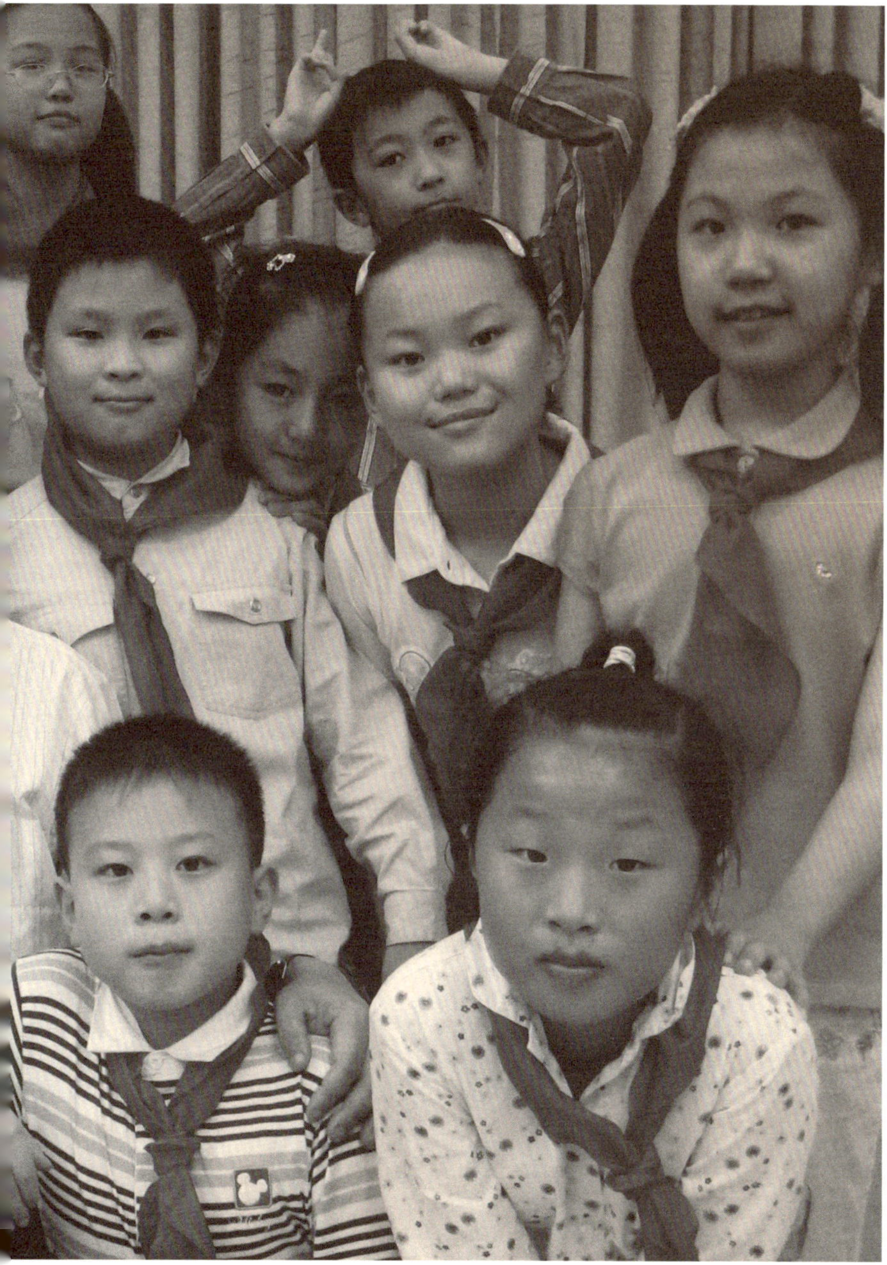

上海教育出版社编审查如棠先生喜形于色，主动为习作写"讲评"，对顾宇同学称赞不已："这是一个仅读二年级的小学生写的几则日记。相信，谁看了都会高兴……可以看出，成绩的获得是由于顾宇小朋友养成了乐于观察，善于思考，勤于练笔的良好习惯。"

于是，我开始关注这个孩子，并给他提供不少学习机会：和著名儿童文学作家任溶溶座谈，访问画家"三毛之父"张乐平爷爷，听董健吾牧师介绍当年收养毛岸青弟兄俩的传奇故事，到龙华飞机场观看军用飞机起飞与降落之情景……还借给他经典读物让他浏览，"行千里路，读万卷书"。读各类各样的书，打开他的智慧之门；参加各种社会活动，丰富他的生活阅历。随之，妙文佳作源源不断出现在他的作文本上。

这期间，他交给我一篇习作：《朱老师的眼睛》。看了它，我暗暗窃喜：文笔流畅，构思独特，不失为一篇佳作。我知道，文中写的朱老师就是时任虹口区教研员的朱静英。我认识她，写得太像了："朱老师的眼睛是双眼皮儿，乌黑的眼珠又圆又大。初看好像没有什么特别，可是你仔细一

瞧啊，嘿，朱老师的眼睛会说话。"

市教研室教研员王德智先生告诉我，天津新蕾出版社编辑沙衍孙先生需要上海小学生的习作，希望我能提供稿件。我顺手将顾宇写的《朱老师的眼睛》给了他。不久，顾宇这篇习作刊登在1982年3月出版的《小学生作文》杂志上。

再之后，人教版五年级课本里，出现了《穆老师的眼睛》一文，我仔细比对两篇文章，发现课文除了将"朱老师"改成"穆老师"外，其他竟然和顾宇的习作《朱老师的眼睛》毫无二致。

若干年后，我得知顾宇在一次车祸中不幸丧生。英年早逝，令人扼腕。不可思议的是，将顾宇介绍给我的李鸿钧校长也是在车祸中去世的：一个雨天里，他骑车时因雨披所碍惨遭车碾，不治身亡。

## 十二 不教胜教

上世纪八十年代中期,我到北京出席全国民主促进会会员经验交流会。按要求,与会者都须将发言材料事先送交市委审查。看我材料的是时任上海师范大学校长的陈云涛先生。没过多久,修改后的发言材料返回到我手上。我发现,文章已经面目全非,几乎每一个章节,陈云涛先生都作了仔细修改,红笔改处数不胜数。陈先生又另用纸写了四条意见。意见具体又中肯,尤其是末一条。陈先生工整地写道:"经验交流应该多吸收别人的意见,夸奖自己的词句要少用。"真是醍醐灌顶。自此,我再也"不敢为天下先"了。这份材料,我至今仍珍藏着。它时时提醒我"自

与叶至善先生

知不自见，自爱不自贵"。

巧的是，那次会议期间叶圣陶先生的长子叶至善先生和我同住一楼。一天晚上，我邀叶至善先生到我房间小坐。闲谈时，我请他介绍叶老是怎样教他作文的。他说："不教的。"我感到奇怪，叶老是个作家、编辑，又是个教育家，理应重视对孩子的启蒙教育，怎么可能"不教"自己孩子作文呢？

叶至善先生见我疑惑，便说："我父亲这么做，到底是算'教'还是算'不教'？"

原来，叶老从不给孩子教授作文入门、写作方法，他仅要求其子女每天读书。至于读什么，听凭孩子选择。叶老还要求其子女每天"写一点"。至于写什么也不加限制。

纳凉时，叶老让孩子把当天写的内容读给他听。叶老倾听时，不轻易说"写得好"或"写得不好"，说的比较多的是"我懂了"和"我不懂"。如若叶老说："这是什么意思呀？我不懂。"其子女就得调遣词句或重新组织句子，尽力让父亲听得明白。直至叶老说"噢，原来是这么一回事，我懂了"时，再读下去。

介绍到这里，叶至善先生问我："父亲这么做，算不算在教我作文？反正，我小时候就是这样学会作文的。"

听叶先生这么一说，我茅塞顿开。

孩子学写作文必须让其大量阅读。读书是基础，是积累；学写作文还必须每天"写一点"。写好之后，要多读，多改。"文章不厌百回改。"修改的过程，就是修正思想的过程。久而久之，自然会写作文了。

叶老这样教子女作文，值得称颂和借鉴。

小学作文并不复杂，仅是孩子"运用语言文字"的一

种练习而已。紧要的是要让学生切记：表达须文从字顺，意思要清楚明白。

我们不仅要研究"如何开拓题材"，更要引导孩子"事先想清楚，笔下写明白"。我们无意栽培作家，也不必苛求学生习作完美无缺。我们要读懂孩子，欣赏学生，不做"无用功"，不摆"花架子"，在"求实"上面多下功夫。

学写作文没有捷径，唯有多读、多写、多改。假如真做到这三点，即使"无师"，亦能"自通"。好作文不是教出来的，是孩子有了生活体验，有了对事物的正确认识之后"悟"出来的。

作文，不算太难教。它是一门细活儿，需要我们做许多事情。只能慢慢来，急不得。

## 十三 贾老师教作文

1989年上海高级人民法院及长宁区人民法院经过艰苦细致的审理，查明我父亲"反革命"一案在"认定事实和适用法律上均有不当"，予以纠错并全面落实政策。

从此，背在我身上的精神十字架终于全部卸下了。我再次获得了新生。

上世纪九十年代初，我进行作文教学改革已十年。上海电视台邀请我拍摄系列作文教学片《贾老师教作文》。这样的节目，电视台以前从未做过。对我而言，也是一次全新的尝试。第一次，拍摄效果不理想。过了一段时间，电视台又邀请我拍。我再次精心准备讲稿，终于和学生们一

拍摄教学系列片

起顺利完成拍摄任务。

  小学生学写作文是难点，教小学生写作文也是难点。各学段的作文学习是教师、家长特别关注的，所以，这个节目在社会上取得了意想不到的轰动效果。每天播放时，无数小学生坐在电视机前，认真收看，学写作文。据说到了第二天早上，连公交车上的乘客都议论《贾老师教作文》这个节目。节目光盘行销全国好多年。很多小学教师来信说，通过这个节目学会了教作文。

有一次，我陪一些广东朋友逛南京路，迎面走来一些日本游客看着我小声议论。走到跟前一问，原来他们在电视里见过我。后来还互留了联系方式。2017年，我乘飞机去厦门。下飞机时，一位空姐看到我随身携带的《贾老师教作文》的光盘，笑着说，勾起了她童年的回忆，小时候经常在电视里看到。

这个节目促使我对作文教学有了更深入的思考。

大家都在埋怨学生不会作文。其责任究竟在孩子一方，还是在教师一方？"教不严，师之惰。"

我们教的是"儿童作文"。儿童的特质是喜好模仿，富于想象，对周围事物充满好奇。欠缺的是自主力不强，生活经验匮乏，考虑问题不够缜密。因此，教小学生需要热情、引导和鼓励。

第一，要鼓励孩子多读书。

书，是人类进步的阶梯，是前人总结的经验，是世界上最好的营养品。和书交朋友，将拥有快乐和幸福。

读书的好处多多。读书教人聪明。读一本好书，就等于跟一个有知识的老人对话。

凡有成就者均酷爱读书。高尔基说："我看到一本好书，就像一个饿汉要扑到面包上一样。"

读书要养成习惯，读书要有计划，各种各样的书都要读，古代的、现代的、天文的、地理的、国内的、国外的，总之"开卷有益"。

要像苏东坡所说，"发奋识遍天下字，立志读尽人间书"。

第二，要让孩子多动笔。

学写作文，没有诀窍，没有捷径，唯有多读多写。读书是吸收，是积累；作文，则是运用。"拳不离手，曲不离口。"说的是，想要掌握一门技术，必须持之以恒，不断练习。

每天写一点。有话则长，无话则短。可以写一两句话，也可以写几句话，一段话，甚至一篇完整的文章。这要养成习惯，就跟我们每天吃饭，喝水，洗脸，睡觉一样。鲁迅先生从年轻的时候起，就坚持每天写日记，即使病了，外出，也不例外。几十年如一日，直到临终前一天晚上才搁笔。

那么，写些什么呢？有那么多东西可写吗？

我们每天会遇到许多的人和事。有叫人高兴的，令人悲哀的，催人奋进的，惹人讨厌的等等。不管事大事小，也不管是看到的或者是听到的，想到的，都可以记录下来。记录的是现实生活，时过境迁，若干年以后，它就成了历史。历史是最珍贵的，也是最值得玩味的。

怎么写呢？爱怎么写就怎么写。听到一个故事，自己挺感兴趣的，就把它回忆出来；碰到惊险的一幕，怪吓人的，就把它描绘下来。可以写得长些，也可以写得短些，这只是一种运用语言的练习。

总之，让孩子多动笔，无论从哪一方面看，只会带来好处，不会有丝毫坏处。

第三，给别人看的作文需要誊清。

小时候，我不喜欢随母亲到亲戚家做客。因为出门之前，母亲总要花好多时间给我洗脸，让我换衣，有时还逼迫我到理发店里去理发。

母亲常对我说："到亲戚家去，一定要穿得体面、光鲜，不然，会被人瞧不起的！"

我们作文也一样。给别人看的作文，必须干干净净、清清楚楚，让看的人舒服、惬意，乃至赏心悦目。看完了

彼此相像，一年四季老是那个样子，既不知道什么是死亡，也不知道春天又重来了。不过，它们虽然带着阴郁的神情，还是很动人。

走出树屋，绕过跳跳云，我们就来到了迷宫。迷宫远远看去，像许多线绕在一起，找不着头绪。老师让我们四人一组，并提示我们只要沿着石砖走就能找到方向。于是，我和三个伙伴就一起顺着石砖向前跑。跑着跑着，突然，石砖消失了。于是，我们分成两组，分头行动。一会儿，我和赵嘉宇就发现了石砖，正巧另外一组也到了。我们继续冲刺，终于获得了第一名。我们高兴得一蹦三尺高。

走出迷宫，我们穿过鱼池去挑战蜘蛛城堡。它里面一张张网纵横交错，要是一不小心就会摔下来。我争强好胜，不顾一切地往上爬，到了终点，才发现一枚戒指掉了。虽然有些心疼，但是回想起刚才那一段攀登的过程，还是觉得挺有意思的。

月圆园中充满了欢声笑语，歌声在天空回荡。我想这欢乐的歌声太阳也能听见，不信，你看，太阳笑得差点掉下来呢。

《游月园》是篇借游的中心突出，层次清晰，描绘具体生动，想像丰富。

文章开头引人入胜，结尾文章有意味，首尾遥相呼应，叫人回味无穷。不过，我更欣赏文章的结尾，堪称大家的风味。信你吧！

修改学生作文

你的作文以后，他会跷起大拇指说："这孩子写得真好！"

可是，现在的孩子似乎做不到这一点，作文马马虎虎，乱写一通，词不达意，到处涂改，标点随意用，错别字连篇……老师看到这样的作文卷，只会皱着眉头直摇头。好成绩是不可能给了，说不定，还要狠狠地批评一通。怎样改变这种尴尬的局面呢？

还是绕不过"认真"这两个字。如果"认真"作文了，一切就会迎刃而解。

作文要起草，作文还要修改。草稿是给自己看的，所以，草稿纸上的字写得潦草一些，卷面不太干净，都不要紧，有的地方甚至只写个提示，或者用省略号替代都可以，只要自己明白即可。然而，交给老师的作文就必须认认真真、工工整整地誊清。这样做，是为了留给自己一份"体面"和"光鲜"。

那么，怎样"誊清"呢？

写在格子里的字要一笔一画地写。工整，清楚，秀丽。标点符号运用要正确，而且要标在指定的地方。作文是有格式要求的，题目位于第二行居中，作者学校、年级和姓

名则写在第三行中间，第四行才开始写正文。文章需要分段，一层意思讲完了，要讲另外一层意思，就需要"换行错格，重新起段"。所以一篇文章有七段、八段实属正常，仅一、二段的文章反倒不太正常。写人物对话时，须注意语言的记述要符合人物的身份、年龄、性格和特点，不要让人说不着边际的话……

一边誊写，一边琢磨。总之，交给老师的那份卷子，必须干净、清楚，没有大的差错。

这样做，从小的方面说，是对老师的一份尊重，一份敬仰；朝大的方面看，则是培养自己良好的意志和品质。

1964年，《中国画报》的某期封面刊登了一张照片。大庆油田的"铁人"王进喜头戴大狗皮帽，身穿宽厚棉袄，顶着鹅毛大雪，握着钻机手柄眺望远方。他身后散布着星星点点的高大井架。

日本情报专家根据照片上王进喜的衣着判断，只有在北纬46度至48度的区域内，冬季才有可能穿这样的衣服。因此，推断大庆油田位于齐齐哈尔和哈尔滨之间；从照片上王进喜手握手柄的架势，推断出油井的直径；从王进喜所站的油井与背后油田间的距离和井架密度，推断出油田的大致储量和产量。

因此，当我国政府向世界各国征求开发大庆油田的设计方案时，日本人一举中标。其原因是我们自己"泄密"了。

日本人的成功告诉我们：要善于分析，善于透过现象看本质。

如果我们养成了这样的好习惯，好处一定是可以预料到的。

做数学题——特别是应用题，读懂题目以后，需要分析。从已知的条件里推断出新的条件。这样，一来二去，再难的题目也能找出正确答案来。

写作文，也需要分析。例如老师出的作文题是"榜样"。如果不加分析，随意寻找一个人，写他的几个优点，最后点明他是自己的榜样，这样的作文缺乏新意，谁爱看呢？

我们试着分析一下的话，可以找出好几条思路来：写一个英雄或先进模范人物，说明他是大家的榜样；写几个突出的人物，说明他们都是我的榜样；写家里每一个人的一个突出的优点，大家互为榜样，说明自己有一个和睦的

家庭；写自己处处严格要求自己，为弟弟、妹妹树立了一个好榜样。

其实，在学习和生活里，作出一个正确判断前，都需要仔细观察，客观分析。

前些年，在一次作文比赛中，我孙女的作文《会动的门牙》获小学组第一名。

她获奖之后，同事友人纷纷向我探秘。其实，我没有刻意要她做什么、不做什么，只是留给她快乐的空间，任她快快活活地玩。让她在学中玩，玩中学。

孩子两三岁的时候，识记能力较强，教过的汉字能立马记住，还能迁移。以后，可跟她玩"汉字接龙"游戏。再之后，教给她成语、古诗。词汇越积越多，知识面越来越宽，其兴趣也越来越浓。

之后，我把她有趣的话语记录下来，每天一两句。比如："今天爷爷来看我。我一看，吓了一跳，爷爷今天怎么怪怪的？原来，爷爷戴了一副假牙。""奶奶烧的鱼真好吃，一条鱼都让我吃了。大人们说，孩子爱吃鱼，聪明。""今天吃完晚饭，妈妈带我到第一八佰伴去玩。我玩了'过山飞龙'和'滚滚球'。我最喜欢玩'过山飞龙'。我坐上车子，车子开动了，一会儿高，一会儿低，吓得我直叫。"我指着记录的内容逐字逐句念给她听。因为句子是她说的，所以她更感兴趣。

日子一长，她认识的字也多了，还没上学，已经能阅读短文了。我们带她逛书店买新书，让她在知识的海洋里漫游。一来二去，书成了她的好朋友。

那么，她怎么会作文的呢？

她爱听故事，我便讲有趣的事给她听，讲完了，让她复述，一遍，两遍……当她讲通了，便让她用文字记录下来。久而久之，她读二年级时，便能写数百字的作文了。

她具有组织文字的能力之后，我就教她观察生活，寻觅作文材料。

生活中处处皆有作文材料。我见她手舞足蹈时，便提示：把它写下来就是好作文；我见她情绪低落时，便告知她：把这记下来，别人一定爱看。有一次，她来探望我，我正闭目养神，眼镜架在鼻梁上，手中捏着报纸。她没有吵醒我，只是吻了一下我的额头，便端坐一边看书。事后，

我让她把这件事写下来。没花多大工夫,她就写下了《深深的吻》。

她父亲整日忙碌,平时父女俩只能在电话里聊上几句。她埋怨道:"我的爸爸在电话里。"我听了,感到这是好题材,就让她写了《电话里的爸爸》。习作视角独特,情真意切。

我让她每天写日记,把生活中有趣的事记录下来。日子长了,养成习惯,对她来说,作文不是难事。

## 十四 每天一分钟的力量

我在 1992 年开始担任校长。当了校长之后,我坚持走进课堂,了解师生,领导教学。小学教育是养成教育,是习惯的培养。

校长在学校里要发出声音,要留下身影,要让学生有倾诉心声的地方。我注意到每天的国旗下的讲话,这不正是校长发出声音的地方吗?对小学生不要多讲枯燥的道理,要用形象的故事让他们知道应该这样做,不应该那样做。要具体、具体、再具体。

托尔斯泰说,在人与人之间的关系中,赞扬或夸奖是必要的,就像车轮运转需要润滑油一样。在教育中多一些

鼓励，多一些表扬，把批评蕴含在眼神、表神，乃至含义隽永的故事中，为学生创设一种温柔的教育气氛，才能使得学生的大脑像加了润滑油的车轮一样运转起来，思考起来。思考自己是怎样的人，自己身上有哪些优点，有哪些缺点。当学生能进行这样的自我教育时，教育的效果也就鲜明地体现出来了。于是，我利用每天早晨升旗后的一分钟时间，面对全校师生，以校园内外发生的活生生的事为例，用规范的语言告诉每位学生，让他们自己思索出办法，分辨出是非，进行自我教育。

我的一分钟演讲的内容可分为三大类：对先进人物、先进集体、先进事例的表扬；对后进人物、后进集体的鼓励、鞭策；对日常小事进行评析。

对于小学生来说，榜样是学习生活中的理想远景。他们对榜样不只充满钦佩，同时也希望自己能成为别人的榜样。教育者列举日常小事，树立一个或几个榜样，往往能够给予学生极大的惊喜，因为这使学生感到自己也有成为榜样的可能。

如果说在表扬的过程中树立榜样是顺理成章的，那么在不表扬的过程中也树立榜样，则要花些心思。有一天，我作了这样一个演讲：

| 多有礼貌的红领巾 |

今天早晨七点三十六分，我来到五年级同学的学习区。跨进五（5）班教室，小朋友们在看书，交谈。五（4）班、五（3）班的同学跟五（5）班一样。

当我来到五（2）班教室，同学们立刻起立，齐声说："老师早。"我听了，心里美滋滋的。我来到五（1）班，在一位同学的带领下，同学们起立，齐声说："老师，您早。"听了这银铃般的问候声，我周身涌上一股暖流，我默默地想：多可爱的孩子！多有礼貌的红领巾啊！

在这篇演讲中，没有表扬，也没有批评，只有客观描述。我为学生营造了宽松的氛围，让学生自己领会我的意图，思考哪种行为更好。

1995年2月13日是开学日。在开学典礼上，我把学

校里的四位后勤人员请到主席台上，作了一个演讲：

## 三束鲜花献给谁？

昨天，我买了三束鲜花。鲜花献给谁呢？

门卫室的武阿姨，她是个残疾人。早晨，她迎接小朋友们的到来。夕阳西下，又是她轻轻把校门关上。她最辛苦，因此，第一束鲜花要献给她。

潘奶奶和晏爷爷，每天把走廊、操场扫了一遍又一遍，让我们在舒适的环境中学习、生活。第二束鲜花献给他们。

为了让每个小朋友吃饱吃好，十位奶奶、阿姨每天起早摸黑辛勤劳作，我要把第三束鲜花献给食堂工作人员的代表左阿姨。

一开始，学生还没有反应过来，听完演讲，才意识到主席台上的校工与自己有着非常重要的关系。没有他们，教师不能安心讲课，学生无法愉快地学习。他们为师生作出贡献，理应得到尊重，他们的劳动也应该得到尊重。通

贾老师和学生在一起

过听演讲,学生就能慢慢懂得尊重别人。

我在选择演讲材料时,总是着眼于学生看得见、摸得着、感受得到的,却又是平时容易忽略的寻常小事,并且注重时事性,使学生对演讲内容始终充满新鲜感、亲切感。

内容上有对学生进行道德教育的；有指导学生学习方法的；有对学生进行体育、卫生、安全教育的；有对学生进行情感熏陶的；等等。

我常常选择不同的演讲方法吸引学生，比如不明言表扬、批评，设置悬念，直抒己见，留下疑问等等。我还利用有奖征答的形式把一分钟延伸至好几天，把主席台上的讲话变成学校、家庭、集体、个人共同参与的活动。比如，妇女节的早上我作了《三八妇女节我为妈妈做什么》的演讲。一个孩子回家后，为妈妈做饭。当妈妈看到女儿亲手做的一桌饭菜时，感动得失声痛哭，从而挽救了即将破裂的婚姻。这个多少带点传奇色彩的真实故事，从一个侧面说明了每天一分钟演讲的作用。

演讲要吸引学生，演讲者的语言很重要。我的每篇演讲都力争用细致的描述和循循善诱为学生展现一幅生动的画面，多用一些感情真挚的感叹句作为演讲的结尾，让演讲显得余韵袅袅，耐人寻味。

每天一分钟演讲以不批评的教育为指导思想，根据少年儿童的身心发展规律，由教育者经常性地为学生提供、展现丰富多彩而又亲切的事例,从而激起学生情感的波澜,启发他们思考,并得出正确答案,继而深化正确的道德认识,培养道德情感和意志,巩固日后的道德行为。学生在长期的以"表扬"为主的正面引导,以成功为主的激励机制影响下,以愉悦的心态去向往高尚的品德,学会自我教育,自我完善,从而成为一个真正意义上的人。

# 十五　对公开课的思考

　　1979 年，两位温州的老师到我学校听我上课。听了之后，他们大为惊讶，觉得我的语文课与一般老师有很大不同，于是就邀请我去温州上示范课。这是我第一次去外地上课。我是国内比较早在外借班上课的老师。

　　因为在外讲课多，所以经常有青年同行来问，如何上好语文课。其实，我也不是先知先觉，也不是天生会上课，我也是通过学习，逐步提高，逐步学会上课的。

　　我教过数学课，发现数学教学讲究精讲精练，让学生通过练习，掌握知识与能力。我觉得学习语文也是如此。上世纪八十年代，有一套书对我影响很大，书名是《小学语文怎样教》。

时下，语文课的课型可谓名目繁多：观摩课、展示课、研究课、选拔课、比赛课、交流课、考核课……这些课的共同特点是：教室里除了有听课学生，还有众多观摩课的老师。这样的课，统称为"公开课"。

老师，特别是年轻老师，获得上公开课的机会不会很多，所以公开课前充分准备，广泛收集资料，精心设计教案，细心制作课件。定好教案之后，还要多次试教。试教后，会请多方人士"会诊"，找出问题与不足。"解剖一只麻雀"，探寻事物发展规律。上一节公开课，对执教老师而言，教学能力必然会提高不少。这种认真负责的态度固然需要，但是，我们不能为上公开课而上公开课。功夫要下在平时，教师要不断学习专业知识，不断加强自身建设，不断提升教学能力。

由于公开课不同于一般的"家常课"，所以，我们还得予以充分重视。有没有规律可循呢？应该是有的。我是从以下三方面考虑的：

第一，从课题入手。

题目是文章的眼睛。从课题入手，等于牵着牛鼻子，抓住了事物的本质。这样，不会偏离教学中心，解读课文时便一气呵成，不会产生拖沓、冗长的感觉。这里试举两个教例说明。

第一个案例：

《两个名字》为一年级上册课文。一共三个小节：

青蛙对竹子说："我有两个名字。小时候叫蝌蚪，长大了叫青蛙。"

竹子对青蛙说："我也有两个名字。小时候叫竹笋，长大了叫竹子。"

青蛙和竹子手拉着手，高兴地说："哈哈！我们都有两个名字。"

（板书"名字"）请同学读"名字"这个词，然后交流各自的名字。还可以说说自己的名字是谁起的，含义是什么。

（出示公众人物的图像或视频）问同学认识吗？他们又叫什么名字呢？

（出示青蛙和竹笋的图片）这两个小家伙分别叫什么名字？

上公开课

十五　对公开课的思考

一般来说，我们只有一个名字，而青蛙和竹笋却有两个名字。（板书"两个"）这是怎么回事？读了课文我们便知道其中的奥秘了……

第二个案例：

《我不怕鬼》是沪教版五年级课文。讲的是鲁迅先生早年在故乡的坟地里"踢鬼"的故事。

（板书"鬼"）请学生读"鬼"字；数一数笔画；用部首查字法查"鬼"字，该查哪一部分？

教师突然问学生："见过'鬼'吗？"学生必然会回答："见过——"并追问："谁见过了？真是'见鬼了！'"现场气氛活跃。

教师介绍：过去，科学知识普及不够，人们不知道自己从哪里来，也不知道死了以后到哪里去。以为好事做尽，死了以后上天堂成仙；坏事做绝，死了以后下地狱成鬼。据说鬼的"品种"不少，有大头鬼、小头鬼、落水鬼、吊死鬼、无常鬼等等。还据说"鬼"的面目狰狞可怕。所以

人们都怕鬼。（板书"怕鬼"）

无神论者不信世上有鬼神，所以他们"不怕鬼"。（板书"不怕鬼"）

今天我们学的课文就是讲"一个人不怕鬼的故事"。这个人是谁呢？是"我"。（板书"我不怕鬼"）"我"指谁？——鲁迅先生。问学生："能介绍一些有关鲁迅先生的点点滴滴吗？"

第二，多读书少提问。

"口头说的"为"语"，"书面写的"为"文"。语文课程是一门学习语言文字运用的综合性、实践性课程。语文课程致力于培养学生的语言运用能力，提升学生的综合素养，为学生学好其他课程打下基础。

很多教师在上公开课的时候，喜欢对课文内容进行无休止的分析。这就偏离了课改的方向。课堂教学变得繁琐，杂碎，乏味。阅读课上要少一点"繁琐分析"和"无效提问"。需要的恰恰是"书声琅琅"和"议论纷纷"。

多读，是我国语文教学中行之有效的传统。这个传统，我们应该继承和发扬。因此，我们在阅读教学过程中，必须重视读的训练，讲读课文一定要以读为基础，要求学生多读熟读。

语文课上，老师要想方设法组织学生读书，让他们喜欢读书，让他们读出味儿，读出效果来。

第三，巧设练习组织语言训练。

语文课上要教语文，不要教课文内容。播放音乐、展示图片、组织表演、播映视频等都不算"语文"，只能说，它们是学习语文的辅助手段。学习语文要落实在语言文字的运用上。

《惊弓之鸟》结尾处，写到更羸向魏王讲述"大雁掉下来"的原因之后，却没有再写魏王的话。为此，教师可设计一个拓展性练习：让学生写几句魏王赞美更羸的话。学生思维必然活跃，想象一定丰富，写得可能各具特点。

教《母亲的鼓励》时，教师可设计一个说话和写话训练。

先让学生说一说。"母亲给予儿子鼓励是哪三次？分别是怎样鼓励儿子的？"然后，再让他们写一写。给文章"补白"：假设在高中三年级的家长会上，老师会说些什

么？母亲又会怎样鼓励儿子？

毋庸讳言，语文课上，我们只是借课文这个例子来教学生说话和写话，我们要"用教材"而不是去"教教材"。

其实，小学课本里的课文没有多少深奥之处，能识字者往往一看就懂，一读就通。重要的是，我们怎样组织学生"学习语言文字运用"。

公开课切忌"玩花样"，"忽悠人"，必须"真实，朴实和扎实"。

好的课，必然"环环相套，丝丝入扣，行云流水，滴水不漏"。好的课能给人启迪，能让听课者学到东西。

重要的是，我们要上好"公开课"，更要上好每天都要上的"家常课"。

## 十六 拜访钱梦龙先生

退休之后,我的日常生活依然被外出讲学上课、读书写作填满。我时时告诫自己,教师要活到老学到老。上海的前辈名师也一直是我请益的对象。

钱梦龙先生就是其中一位。钱先生德艺双馨,著作等身,才华横溢,硕果累累,在中国语文教育界享有极高威望。

某年春节,春寒料峭。冒着霏霏细雨,我去嘉定拜访钱梦龙老先生。

叩开他家的门,钱老笑吟吟地把我引进客厅。钱老80有余,身板挺拔硬朗,说起话来声如洪钟,走起路来步步坚实。客厅里绿意盎然,书卷气颇浓。

吃过午饭，我们坐在沙发上促膝谈心。他握着我的手说："贾老师，我们现在都成为年轻教师学习的楷模，追逐的榜样，真有点'高处不胜寒'啊。其实，我小时候是一个不爱读书的野孩子，我的学历可以说是很低、很低。"

"不会吧？我的学历也不高：没念过师范，更没跨进大学的门，难道……"我回答。

钱老继续说："我才初中毕业。再说，我从小就淘气、调皮，还逃学。念到五年级时，我已经留过三次级，人家送我一个雅号'老留同志'……"

我笑了："那你后来怎么会喜欢上语文这门学科的呢？"

钱老师继续侃侃而谈："要升五年级了，换了一个武姓老师教我们语文。开学首日，他把我唤到办公室，对我说：'听说你留了好几次级，究竟是脑瓜子笨还是不用心？如果是前者，我也没信心教你，你就回家去玩吧，咱们测试一下。'说完，他拿出一本《王云五四角号码大字典》教我查字，这种查字方法比较复杂，学起来也比较困难，但学会了很管用。没想到的是，我居然很快学会了，武老师喜形于色，拍拍我的肩膀说：'你不笨，很聪明，跟着我一定能

十六　拜访钱梦龙先生

学好语文的。'……"

我越听越有滋味。

钱老师接着说:"回家以后,我用积攒的零花钱,买了一本《王云五四角号码大字典》,一有空闲就翻翻查查,饶有兴味。"

我说:"看来,是武老师培养了你的学习兴趣,引导你跨进知识王国的大门。"

"武老师得知我掌握了这种查字典的方法,对我提出新的要求:每上新课,把生字抄写在黑板上……

"上课了,老师指着黑板上我写的生字,领着大家朗读,此时,我心里暖洋洋的……

"日子久了,我发现自己的字写得很不好看,歪歪扭扭,大大小小,高高低低。于是,我买了字帖苦练毛笔字。我写的字虽比不上书法家,可在教师当中,还是排得上号的。"说着,他指着墙上挂着的条幅,满意地说:"这是我前些日子写的。"我站起身来端详许久,暗暗吃惊,真不错!堪比书法家的作品。

"我读完初中就去教书,教得也不错。小有成绩之后,

我去感谢恩师。学校风物依旧，独独不见武老师，心中不免有些惆怅。校长告诉我，武老师已调入大学教书了。"

钱老师握着我的手说："其实，教育是引导，教育是培养，教育也是一种影响。教师要有一颗善良的心，还要有一双善于发现的眼睛。教师的价值体现在'教'字上。教师的成功，不在别的，而在于转变我们教育的对象。"

## 十七 怀念袁瑢老师

袁瑢，一代名师。早在上世纪五十年代初就以杰出成绩享誉大江南北，并获"全国劳动模范"称号，受到时任国家主席刘少奇的接见，和斯霞、霍懋征一起被尊为"中国三大名师"。

如今，三位老师都已去世，但她们的音容笑貌常在我心中。她们对教育的热爱与执着，一直激励着我。

2014年的一天，书桌上的电话骤然响起，是袁瑢老师打来的，电话里传出袁老师急切的声音："我一直惦记着你，你能来看看我吗？"

第二天，我放下案头工作即去拜见袁瑢老师。袁老师

居住了20多年的住所在上海老城区一条僻静的弄堂里。老式公寓房，一梯多户，与近处充满现代气息的高楼相比，实在有些寒酸与局促。很难想象在这寻常小巷里，住着一代教育名家。

走进袁老师居室，有一种温馨的感觉，书房简朴雅致，茶几上置着一盆怒放的水仙，书柜里整齐地摆放着各类书籍，墙上挂着一副对联："一代师表爱相随，教书育人品自高"。

阳光从窗外照进来，不开空调也显得十分暖和。看到我，92岁高龄的袁老师开心地向我致意问好，握着我的手笑呵呵地说："你怎么不常来看看我呀？我很惦念你呀！"她亲切的笑容，甜润的声音，让我倍感温暖。袁老师一一询问那些同事、同仁近况。满头银发的袁老师思维清晰，神清气爽，目光安详。袁老师家人悄悄告诉我："老人近日受腿疾所累，行动不便，坐在轮椅上已经多时，这些天腿伤复发，疼痛难眠，必须得每日接受保健医师推拿与按摩。她牵挂的就是教育、学生以及你们这些老朋友。"

一提起语文教学，袁老师变得神采飞扬，话语滔滔不绝。她说："这几年出去不多，但你们上课的视频，我还是

和袁瑢老师在一起

会经常观看。"

　　谈到当下学校教育，袁老师不无忧虑："现在的孩子负担太重啦！一年级课文有四十几篇，那么多，那么长，你让六岁孩子怎么受得了？课堂上，大量资料补充，太多课件播放，嘈杂小组的讨论，学生哪有心思静悄悄地读，扎扎实实地练呢？"

　　话匣子打开以后，她有些收不住了："还有，社会、政

府都在关注大学、中学里产生的诸多问题。其实，症结恰恰出在小学里面。小学教育是基础教育，十年树木，百年树人，要从根本上抓……"

从袁老师的神情和话语中，我感受到这位老人心中始终装着学生、装着课堂、装着中国语文教育。虽然，她行动不便，足不出户，但是对教育的那份挚爱与担当从未放下过。

真是一位可敬可亲的老人。

我书桌上放着一盏灯，很普通，暗红色的，灯座是圆形的，由底座向上伸展出两根弯曲着的铁管，铁管顶端连着两个白玉兰花苞似的灯罩，典雅而秀美。

夜深人静，我坐在灯下看书，读报，备课，写作。这是我一天中最惬意的时光。它看着我批改一篇又一篇作文，伴着我度过一个又一个夜晚。

这盏台灯，是袁瑢老师送给我的。那天早晨，袁老师吃力地捧着它，踏着阳光，走进我学校的大门，递给了我。她握着我的手深情地说："让它为你照明，让它伴你学习。"我未多言，但心灵深处被震撼着。

我刚走上教师岗位时没有任何教学经验，不会上课，不会批改学生作业。仅知道上海市实验小学有一位优秀教师袁瑢，她有着丰富教学经验。于是，我认真拜读袁老师的文章，学习她的教学经验，边学习边实践，终于会上课了，终于会批改作文了。

"文革"结束，我有较多机会走进她的课堂观摩她的教学。袁老师治学严谨，态度亲切，语言朴实。这一切让我钦佩，令我折服。随后，有机会和袁老师零距离接触。和袁老师一起评选上海市小学生优秀作文，一起编写北京、浙江、江苏和上海四省市语文教材，一起上井冈山革命老区授课讲学，一起到深圳经济特区交流教学经验。1982年，她还来到我的学校为我班学生上了一堂语文课《草船借箭》。她钻研教材深入细致，设计教案一丝不苟，上课从容自如，言行举止随和而谦逊，是一位"学高为师，身正为范"的长者。

1983年，上海教育出版社美术编辑室约我和其他老师编一套看图作文挂图，供教师教作文用。我提议画一幅"拜年"的图片，画面上表现的是两代学生给一位老教师拜年的情景。

"这位老教师该是怎样的形象？"美术编辑征求我的意见。我毫不迟疑地说："袁瑢老师即是。"

挂图出版了，人们看了挂图，惊喜地说："那不是袁瑢老师吗？"

2003年，在青岛举行了一次由民间机构发起的"纪念袁瑢老师80寿辰暨从教50周年"活动。与会者来自全国各地，达千余人，活动气氛热烈，内容丰富。有上课的，有讲演的，有撰文的，还有献诗、作画的，热闹非凡。那一刻，袁老师显得很是兴奋。

我走上台，把珍藏20余年、袁老师亲笔书写的《草船借箭》备课草稿归还给她，袁老师拿着这两张泛黄的纸片，看了又看，喃喃地说："这是我写的吗？你还珍藏着它？谢谢！谢谢！"

此时，袁老师的眼眶里闪着泪花，会场上响起经久不息的掌声。

我是读着袁老师的书慢慢成长的；我是踏着袁老师的足迹渐渐成熟的。

## 十八 我和老于

2017年12月8日,我的老友,全国著名语文特级教师于永正因病去世。老于是教书的楷模,是我的榜样。

1984年秋,我在安徽蚌埠上课,老于也来观摩。课后,他找到我,说喜欢我的课,真实、朴素、轻松、有效,颇有惺惺相惜、相见恨晚之感。时间有限,没有深谈,他只是希望我有机会到徐州去上课。

次年春天,我去北京出席会议,返程途经徐州,便下车去找他。记得,在徐州我上的是《革命烈士诗二首》这一课。在指导学生朗读"毒刑拷打算得了什么?死亡也无法叫我开口!"这一句话时,任凭我多次启发,学生硬是

读不出效果来，我很无奈。坐在边上的老于轻声提示："让学生拍着桌子读！"我会意，试着对学生说："你就重重地拍一下桌子再读这句话！"学生真的照做了。这一拍，这一读，铿锵有力，激情满怀。陈然的凛然正气被表达出来了。下课了，我握着老于的手说："你真行啊！"

"交友投分，切磨箴规。"自此，我俩保持着密切联系。

老于为人耿直，直如蛛丝绳；心口如一，清如玉壶冰。他主张把时间和空间留给学生，语文教学要"少做题，多读书"，要把学生从应试教育的桎梏中解救出来。他告诉我这么一件事：友人把外孙女送到国外去读书，原因就是想让孩子有充足的睡眠时间！

对于语文教学的看法我们俩几近一致。他认为，我们要蹲下身子和孩子说话；我说，任何时候要尊重学生。他主张："要用教材教语文。"我说："这是前辈叶圣陶先生的一贯主张。"他说："教语文，其实很简单。"我说："教语文，其实不简单。"看似意见相左，其实异曲同工，表达的是一个意思。他还给我讲了这样一个事例：

有一次，他去一所学校上课，准备上《高尔基和他的儿子》这一课。苏教版将它放在五年级里，所以他想用五年级学生。该校教师却认为，文章短小，内容简单，建议换个三年级班上。老于说："你以为我教的是课文吗？"听完课之后，那位老师心悦诚服，说："我们应该像于老师那样用教材教语文！"

老于，毕生从事小学语文教学。他既能上课，又善总结，著作等身，硕果累累。虽年届古稀，满头银丝，而研究兴致依旧不减。他为人耿直，心口如一。

前些年，语文课堂热闹非凡，教学手段推陈出新。只是多了些花样经，少了些语文味。对此，他提出：要"简简单单教语文"。这些年，一些中青年教师喜好在"语文"前冠以各种修饰词，标新立异，独树一帜。有人问老于，你教的算哪门子语文？他说自己"无门无派"。他还强调，语文就是语文，何必叠加这些苍白的形容词？"语文教学"就是"教学生学习语言，运用语言"。重要的是，怎样去"引导"孩子，"激励"学生。

老于这番真知灼见，颇具见地。

记得某年初春，在桂林，我们不期而遇。是夜，我约

他小叙。他不落座,右手斜插胸襟,频频走动。看他这模样,我不禁想起电影《难忘的1919年》里列宁激动时的样子。

他问:"老贾!你信不?"

"你不说,我咋信?"我期待他发表高见。

"全国95%以上的学生不会读书……"说到这里,他有些激动。

"你指的是'朗读'吧!"我作了纠正,说,"你讲的,我信。"

老于所说虽有过激之处,但也不无道理。不少学生读书多年,最终仍"张口不会说话,提笔不能作文",学的岂不是"哑巴汉语"?

听、说、读、写四种基本能力的核心是"读"。唯能正确、流利、有感情地朗读课文,才可能"听得清楚,说得明白,写得生动"。老于的过激言辞,表明他对当前某些语文课堂的忧虑。所以,他疾呼:"该教的一定要教给学生。不需要教的,别耗费精力。力气要用在刀刃上。"

事实也确实如老于所担忧的:许多时候,我们无目的地瞎忙。把课文分析来，分析去，将立意无限拔高，把内容挖得很深。到后来，连作者都不敢认同了。这不像教儿童语文，而像对成人分析作品。于漪老师对此种做法，斥之为"碎尸万段"，"惨不忍睹"。

症结在我们的课堂教学上。

新课程改革让语文教学呈现勃勃生机，然而，也出现过忽视其"工具性"倾向，以致影响语文教学之有效性。

现时一些课堂教学，注重教学形式，忽略教学效果；关注教师本身，漠视学生主体。很多教师在"教教材"而非"用教材"；是"讲课文"而不是"教语文"。

还有的语文课堂，超量资料补充，过多媒体演示，频繁小组活动，目迷五色，耳乱八音。这种"讲肿了的语文课"，累了老师，苦了孩子。想提高学生语文素养，则成为一种奢望。

教材无非是个例子而已。教师是以课文为例子，教会学生说话和写话。正确做法是：用教材教语文。这也是叶圣陶先生一贯主张的。

与于永正（左一）、支玉恒

课堂上，知识点必须落到实处，能力培养一定有所斩获。

教师教学的成功，只能反映在学生的"提高"与"长进"上。

老于弟子遍布全国，且多有造诣。有人问，那么多弟子，你辅导得过来？他认为，学问无大小，能者为尊。年轻人充满活力，接受新生事物快，年长者要向他们学习。他们拜我为师，我则有机会向他们学习。

上个世纪末，我和老于相继退休，之后，我们外出讲课时常常会不期而遇。

有一次，会议主持者在介绍老于时，横一个"大师"，竖一个"大师"的，老于听了很不舒服，说："你小看我了，我应该比大师更高一筹……"此时，众人惊愕。老于接着说："比'大'高一等的是'老'，我是'老师'！"大家恍然大悟，同时也为于老师的谦恭叫好。讲课期间，主办方考虑到我们年事已高，常常安排我们独住单间。老于却不允，说："我们皆为普通教师，何必铺张？让我和老贾'同居'吧。一来，叙叙家常；二来，节省银子。一举两得，何乐而不为？"

我们同居一室，就会彻夜长谈。谈语文，谈课改，谈家庭，谈子女，谈当今青年教师成长，谈目前公开教学乱象……谈得更多的是，我们要珍惜大好时光。一次，老于表示："咱们是改革开放的受益者。你我搬进了公寓、别墅。这是过去做梦都想不到的事情。我们要多为语文教改出谋划策，要为小学教育多作贡献。"

支玉恒、靳家彦、于永正和我被尊为小学语文教坛上的四个老人。我们聚在一起，惬意又快乐。

有一次，我和老于相约在某地讲学。老于先于我到会。我报到时，他们已经在用餐了。我来到餐厅，众人皆起立表示欢迎。唯独老于不予理会继续埋头吃饭。接待者不明就里，问："于老师，这一位您认识吗？我给您介绍一下。"老于这才抬起头打量我一番，认真地说："不太认识，请介绍！"那位同志信以为真，真的介绍起来，惹得一旁的老师笑成一片。然而，老于却不动声色，继续吃着他酷爱的辣椒。

还有一次，支玉恒老师遇着老于，劈头就问："还活着？"

"是啊，哪舍得走啊！"

风趣的话语惹得大家笑声连连。

2012年初春，我接到老于的电话，称有关部门要举办"于永正从教50周年"纪念活动，真诚希望我能出席此会，我爽快地答应了。岂知，天有不测风云，到了盛夏，旧病复发，我入院手术。临会前，我打电话给筹备处表示恐不能赴会。老于得知，旋即来电，表示理解之余又问，有无可能克服困难？我回答："这回我不来了吧！"就因我回话里面多了一个"吧"字，让他感觉到事情似乎还有回旋余地。他一字一顿地说："贾老师，你'50年'的时候，我可来了的……"

平时，他一直称呼我"老贾"，突然改称为"贾老师"，我明白，这一回，他是认真的，是真诚地希望我出席这一次活动。

10月中旬，纪念活动如期举行。在亲属陪同下我赶到郑州向于永正老师祝贺并上示范课。于永正激动之余，向与会教师透露了我的病情，台下响起热烈掌声。相逢方一笑，相送还成泣。

老于感慨地说："年轻时候不会教，如今会了，却老了，退休了。"

秋风萧瑟。我们散步在田埂小道上。我对老于说："天

下没有不散的宴席。所是同袍者，相逢尽衰老。我们要服老。明年，我想'洗手不干'了！"

老于说："我也力不从心。可是我放心不下当今的小学语文。我们这些老家伙还要摇旗呐喊，还要振臂高呼。虽然不能身体力行，但是还要寄希望于带着思考教书的青年一代。为孩子，为语文，再作最后贡献！"

如今，老于不在了。我会继续摇旗呐喊，振臂高呼。

## 十九 家一般的《小学教学》

我生于上海,长在浦东。听父辈们说,我们贾姓祖籍在河南洛阳。据传,数百年前,不知哪一代祖宗触犯"天条"被判重刑。为逃避严惩,举族南迁,后择上海浦东落脚,埋名隐姓繁衍后代。后来人丁兴旺,形成村落。该村落位于黄浦江与洋泾港交汇处,故取名"贾家角"。我们这些"贾姓"人士,都是从"贾家角"走出来的。

此为传说,未经考证,不辨真伪,故不可当真。但是,贾氏弟兄大多人高马大,生性豪爽,喜饮酒,讲义气,倒是不假。街坊邻里都说:"这帮贾氏族人,似乎不像我们'南蛮子'。"

我确信无疑：俺的根在北方中原，俺的祖先是河南洛阳人。

从小，我就萌生要到故地——河南寻根觅祖的念头，可惜始终未能如愿，后来助我实现夙愿的是黄巨昌先生。黄巨昌先生是河南教育报社《小学教学》的资深编辑。上世纪八十年代初，我们相识于西子湖畔。

那年，杭州举行小学语文教学研讨会。我随教研室主任刘君任先生出席会议。那时，"文革"结束不久，物质匮乏，百废待举，各方面的条件都差，说是酒楼、宾馆，却要四个陌生人同居一室。

黄巨昌先生和我们同住一室，我们无话不谈。闲谈中，他得知我的祖籍是河南，异常兴奋，盛邀我赴故里观光，去河南教育报社做客。

会议结束后，我们之间的联系没有中断过。黄巨昌先生还希望我为河南的《小学教学》杂志写些稿子。经介绍，又结识了《小学教学》主编冯春河先生。冯老先生亦希望我"为家乡的刊物多作点贡献"。

这是对我的莫大信任和热情鞭策。

后来，我写了许多短小的稿件投寄给冯春河，《小学教学》刊登了我的不少"豆腐干"文章。从某种意义上来说，《小学教学》是我发布教学观点的第一个平台。冯春河先生是带领我步入语文教学研究的导师。后来获悉，冯春河先生加入了民主促进会，还在省委担任要职。于是，冯春河不但是我的导师，还成了我的"同志加兄弟"。遗憾的是，我们身处豫沪两地，没有机会谋面。

上世纪八十年代中叶，民进中央在北京召开经验交流会。我和冯春河先生均为各自所在地的代表，两人意外相见于北京劳动饭店。同居一室，彻夜聊天。掏着心窝说话，分外痛快。

冯春河先生想把全国优秀教师的教学经验结集出版。他告诉我，上海特级教师顾家漳已经着手准备，希望我也抓紧时间及早出书。可惜我能力有限，无暇撰稿，辜负了冯先生的一片厚望。

一天，我收到冯春河先生寄来的《顾家漳低年级教学教例与经验》一书，令人费解的是，邮件中竟然不见片言只语。显然，这是冯老对我无声的激励——抑或是无声的批评。

1988年盛夏,《小学教学》杂志社在郑州举行面向全国农村教师的教学研讨会,被邀请的有上海顾汝佐、常州邱学华以及天津陈文彰等,我也被邀赴会作课。在这次会议上,我结识了河南教育报社多位同仁志士:李国庆、赵义章等。期间,我想到河南教育报社走走看看,刘炳炎先生执意要陪我前往。他借了两辆自行车,我们各乘一骑,直奔顺河路11号。彼时,办公大楼落成不久,编辑们正忙着整理各自的资料,显得有些杂乱。冯春河先生拉着我的手说:"你终于到家了。"

啊!我这个游子终于回到了"家"。

之后的几年里,在小学教学编辑部的帮助下,我多次到郑州、洛阳、开封、社旗、郸城和固始等地同河南老乡一起学习交流。

1998年秋,濮阳市教委邀我去讲课。我担心自己精力不济,犹豫不决,迟迟不敢贸然动身。冯春河先生获悉,特地为我制订了赴豫北讲课的周密计划。还保证,飞抵郑州之后,旅途中的一切事务均由小学教学编辑部负责照料。

果不其然,当我步出新郑机场出口处时,编辑部的三位同志已经等候在大厅门口了。我们驱车直奔豫北，一路上没吃、没喝，风尘仆仆奔向濮阳。离开郑州时正午时分，阳光普照，抵达濮阳已是黑灯瞎火，大家饥肠辘辘。我惴惴不安，不时向他们致以歉意。一位编辑不以为然地说："您到咱河南来，为河南孩子上课，我们河南人不尽点力，还算啥河南人？"短短的一句话里，一连用了四个"河南人"，听了，颇提气。哈，咱们河南人的秉性暴露无遗——讲义气！

活动结束，三位编辑又把我接回郑州。小学教学编辑部在一个小饭馆为我接风洗尘。李国庆、赵义章、冯春河、周培红等已经久候，冯春河先生拉着我的手说："到家了，好好歇一歇！"

是啊，到家了。小学教学编辑部是我在郑州的家。

随着时光的消逝，我们都渐渐老去，相继离开各自钟爱的岗位。冯春河、赵义章陆续退休。再后来，听说李国庆先生也退休了。后来，《小学教学》由樊学兵先生主持工作。尽管彼此间不太熟识，可是，我和《小学教学》依旧问候不断。只要我到郑州，首先联系的便是小学教学编辑

部:"我是上海的贾志敏老师,我到河南了。"旋即,电话里总传来那熟悉的杨清莲的笑声:"您到郑州了?等着,我们来接您!"

多年来,小学教学编辑部一直把我视作编外职员。

2009年11月,我因肝部不适住院手术治疗。消息不胫而走,慰问者、探望者不计其数。问候最多的要数来自小学教学编辑部的诸位同仁。他们隔三差五地来电询问:"有困难吗?我们到上海来照顾您?"消息传到冯春河先生那儿,他忧心忡忡,寝食难安。后来我才知道,当时,他自己身体也欠佳,躺在医院病床上正接受治疗。在"身心都难以承受"的情况下,写下宽慰我的话语:"我已是80多岁的老人了,正走在人生的边上,自然而然地会想到大限已到,生死也看得开了。于是,我静下心来,给家人写下遗嘱:'生也平凡,死亦泰然。生老病死,听天由命。'"我手持信纸,潸然泪下。冯老的话,唯我能读清楚,听明白。他分明在开导我,安慰我。

2015年3月,陈春兰编辑来电约稿。她用几乎不容商量的口吻说:"再过半年,要过教师节了。请您写一写'我小时候的老师'，稿子拟刊登在 9 月份的刊物上。"那时候，我身体状况糟糕透了，每日要往医院跑。打针、服药，做 CT 检查、接受"放射"治疗，没有时间撰写文章。然而，想到这是家乡的亲人需要我做的事情，我没有理由推辞。我答应了，并且如期完稿。

  那年的 8 月，酷暑难熬，我躺在手术台上接受"放射"治疗，医生要在我的脏器内放置若干"放射"粒子，他每放好一粒，就得躲到控制室监控。手术有点难度，很费时间。我躺在 CT 手术台上静候，此时，真可谓"度时如年"。怎样打发时光呢？就回忆春兰同志要我撰写的那篇文章吧！我静静地构思，默默地修改。教师节前夕，"我小时候的老师"——《林先生》一文终于刊登在杂志上。据说，还颇受读者的欢迎。林先生在美国的学生看到这篇文章之后，辗转找到我，想进一步了解林先生的近况。可见此稿影响之大！然而，陈春兰他们哪里知道，这篇稿子，是我在手术台上定稿的。

## 二十 学好语文有大用

我们都知道学好语文用处大，大到什么程度呢？我有两件亲身经历的小事可以说说。

一天，我从电话机上取下一份传真，是市公安消防总队发给各单位领导的紧急通知。通知要求各工矿企业、宾馆网吧、娱乐场所等单位派出两名代表参加为期三天的培训。凡缺席者，将停业整顿并处以三千到两万不等的罚款。备注中还言明，立即将培训费2230元存入建设银行的一个叫李泽桂的银行账号里。口气生硬，毫无商量余地。

"显然是骗局！哪有这么布置工作的？"我不以为然，将它弃之于一边。

回家后，妻子见到了这份传真，顿时激动起来："千万别汇钱给骗子！传真中没有写明具体的培训地点和联系电话，只留一个银行账户。不是骗局还能是什么？"因为她上过骗子的当，所以比较警觉。数年前的一天，她在菜场遇着一伙骗子。这伙人你骗我哄的，让她用不菲的价格买回了一袋"天麻"。经内行鉴别，与天麻"风马牛不相及"，毫不相干。自此，她凡事会多长一个心眼。

儿子回来了，拿着这份传真看了多遍，平静地说："骗局！消防通告一般都是通过系统、媒体或网络发布的，哪有用传真挨家挨户通知的？再者，企业参加消防培训是绝对不可能将培训费汇入私人账户的！别上当啊！"毕竟是年轻人，见多识广，分析得也合乎情理。

我再次拿起这份"通知"细细琢磨。我发现，文字粗糙，文理不通。如开头的那句话："为增强全社会消防意识，确保杜绝我市无重大消防责任事故发生……"显然，这里的"杜绝"一词纯属多余。"杜绝""无"事故发生，恰恰变成"确保我市重大消防责任事故发生"。真是好笑。"市公安消防总队"的秘书科会发出这样的"通知"吗？看

作讲座

来，骗子文化水平不太高，小时候，语文没有学好。

读中学的孙女放学回家。她见我们这般异样的神情，问："发生什么事啦？"当她知晓事情原委之后，说："多简单的事！还用讨论吗？打个消防热线电话96119咨询一下，不就得了？"说着，风风火火地走进卧室。没过多久，她郑重宣布："官方消息：骗局！"

干脆！90后的孩子和成年人的思维、行事方式大不一样。

当天的晚报送来了。我发现，A8版上的一条社会新闻，标题赫然："骗子冒充消防讹诈'培训费'，企业若收到此类传真需求证"。

学好语文不仅可以方便识破骗局，还可以协助警方破案呢！

有一次，我乘火车外出。上车就座不久，一个30多岁的男士把一个皮包放到行李架上，大大咧咧地坐到了我对面。我喜欢观察，就琢磨：这是个什么身份的人呢？西装革履，一身名牌，但肤色黝黑，行为举止也不太文雅，大概是发家不久的小老板。

正想着，又上来一个20多岁的小伙子，左顾右盼坐到了小老板旁边。我又琢磨开了：这个小伙子是什么人呢？只见他穿着时髦，时坐时立，眼神飘忽，这个家伙可能有问题。火车开动了，时髦小伙不时站起来与后面的人比画着什么。我回头瞥了一眼，只见那个呼应时髦小伙的中年人，平头、阔脸、小眼，目有凶光。

火车到一个小站停下来，时髦小伙和中年平头匆匆下车走了。

火车又开动起来，行驶一会儿，那个小老板模样的人无意间往行李架上一看，立刻跳起来，脸色骤变，失声大叫："我的包呢？我的包呢？"

乘警赶了过来，小老板结结巴巴地说："我的包里有十几万现金，刚才包还在呢，怎么一眨眼就不见了！"

乘警向坐在小老板身边的旅客询问，众人皆漠然摇头。

我想起刚才举止怪异的两个人，对乘警说："我知道是谁偷的！肯定是刚下车的那两个家伙。"

乘警向我询问一番，请我留下姓名和电话，把案子报给刚才停车小站的铁路派出所，这个小插曲暂时画上了句号。

大约几十天以后，我突然接到警察的电话，要我到公安局协助破案。

我到了公安局，公安系统的模拟画像专家张欣已经等在了那里。

我一边讲，张警官一边画。我描述完了，张警官也把犯罪嫌疑人的头像绘制完成了。我一看，拍手叫绝："像！太像了！就是这两个家伙！你真厉害！"

张警官握着我的手说："是你了不起，把他们的相貌描述得这么栩栩如生。"他继而好奇地问,"你是做什么工作的?对擦肩而过的乘客,你怎么就能又快又准地记下他们的相貌特征呢?"

我笑着说:"我是个小学语文老师,教了40多年书,我天天教育孩子要养成观察的习惯,要培养敏锐的观察能力,自己如果没有这方面的习惯和能力,怎么能够教得好学生呢?"

后来,案子顺利侦破。原来,这是一个特大火车偷窃团伙,流窜全国作案数年。为此,上海东方卫视专门采访了我,拍摄了破案专题片。

## 二十一 如何听课

有一年元旦的清晨,我手机接到一条短信,是河南周口的一位青年教师发来的。她在短信中说:"冒昧地问您,就现在著名的小学语文教师……而言,您最喜欢哪一位的课?"

她罗列的 11 位教师中,有的我熟悉,有的不甚了解。于是我回信:"薛法根。"

不一会儿,她又发来短信:"谢谢,我和您的想法惊人得一致!这位老师尊重学生,尊重文本。教材吃得透;教案编得精,文化底蕴厚,应变能力强!他不张扬个性,一心为学生着想。"

"× 老师的课拓展的内容太多,个性太张扬,好像他是红花，学生变成了绿叶。我看，他更适合教中学或大学。×××等老师的课总给人一种华而不实、高不可攀的感觉。听他们的课，听的时候激动，回去以后就不想动！请问，我们该怎样看课呢？"

我不熟悉这位老师，我猜想，她也许是一位勤于思考、善于探索的青年教师。

要回答"最喜欢哪一位的课？"似乎不算太难。因为这是个人的好恶，正如"青菜萝卜，各有所爱"一样。然而，要回答"我们该怎样看课？"倒需要颇费思量。

我的经验是"三看，三不看"。

一、看教学，不看表演。

"教师教的是语文，学生学的是母语。"因此，我们当然要关注师生教与学的活动。看课，就是要看教与学。"泛语文"的做法不可取，哗众取宠的"表演"更要摒弃。

语文课，要有浓浓的语文味。语文课上要讲"字、词、句、篇"，要讲"听、说、读、写"。语文课，要真实、朴实、扎实。真实是课堂的生命，朴实是教师教风的具体体现，扎实是我们追求的目标。

语文教材不属于语文知识体系，它是一篇篇选文。每一篇选文仅是提供学习语言的例子。学生要凭借这一个个生动的例子，学习、理解、运用与积累祖国的语言文字。

言语是一种技巧。要掌握它，必须通过多次的、反复的训练，让学生听得清楚，说得明白，读得正确，写得流畅。本事是练出来的，绝非"讲"出来的。

语言文字中蕴含丰富活泼的情感和意趣，蕴含广博丰厚的文化积淀。学好语言文字，自然能领悟和接受人文的熏陶和文化的营养。无须脱离文本，脱离语言去宣教。

掌握了语言文字，理解了文本内容，学会了表达形式，形成了语文能力，那么，情感、态度、价值观自在其中。

某次，我上《两个名字》一课，最后一个环节是我与学生用课文中的句式进行口语交际练习。

一个孩子说："我有一条裤子。"

我说："我不想和你玩了。只有一条裤子有什么好说的？应该怎么说？"

学生得到启发，说："我有一条漂亮的裤子。"

我说："哈哈，我也有一条漂亮的裤子。"

有一条裤子很正常,不值得高兴,需要加个修饰语才行。

这就是运用课文作为例子教会孩子说话和写话。教学,应该是师生智慧的交流,心灵的沟通,学习的互动。它拒绝浮躁、喧哗与轰动。

近年来,一些大型公开教学活动,出现一股浮华之风。授课者极尽"包装"、渲染、夸张、展示等手段,极力追求奢华、轰动、"精彩"、"艺术"的课堂效应,使课堂呈现类似流行歌曲演唱会的"盛况",使课堂教学和时装展览几乎无异。

有些课堂教学,不是进行语言本身的推敲、揣摩和品味,而是围绕文本内容,外加大量的教化性"学习材料",甚至整堂课用多媒体课件"狂轰滥炸",过度渲染、张扬所谓人文性,还说要给学生以新时代的"心灵的洗礼"。这样做,除了增加课堂的虚幻的观赏性外,没有任何价值。有人说,课改以来,人文性弄玄乎了,工具性弄模糊了。可谓一针见血。

再者,时下的一些教学观摩活动正趋向于商业化操作,且规模越来越大。课堂变成舞台,执教者由于十分在意听

课者的反应而不断调整教学方法与策略。这样,恰恰忽略了对学生的关注。于是,"课堂教学"演变成"舞台表演"。

凡此种种,均背离了语文教改的方向,也是我们所不愿意看到的。

我们要看到的是课堂上那种和谐的教学状态,而绝非剧场里的那种浓烈的戏剧效果。

二、看学生,不看老师。

意大利一位著名足球裁判因执法公正、处置果断而闻名遐迩。有记者请他介绍执法之经验。他不假思索地说:"让观众忘却我的存在。"

上世纪八十年代中期,美国一个教育代表团到上海一所学校听课。校长请贵宾在学生后面入座,他们却表示:"我们为什么去注意老师呢?我们要观看的是孩子是怎样学习的。"说着,纷纷把椅子挪到黑板下面,面对着学生静静地观看孩子上课。

想想也对。绿茵场本是球员驰骋之地,裁判只需保证比赛公平、公正地进行;课堂是学生习得场所,教师只是在辅导、帮助学生掌握知识。

然而，有的老师却大声说："我就是语文！""我的课堂我做主！"闻之，我寝食难安。

毋庸置疑，课堂是学生的，空间是孩子的。是他们在学"语"习"文"，孩子是红花，教师是绿叶。切不可本末倒置、角色不能错位。教师在课堂上所做的一切，只能是为孩子学好母语服务。一堂课仅40分钟，教师要在有限的时间里，演绎出一个个美丽的故事，这就是教师的生命价值所在。

大凡来说，学生能力的形成是在课堂上。因此，就有了"得法于课内，得益于课外"，"向40分钟要质量"的说法。好的课，就像艺术珍品，让人回味无穷，津津乐道；好的课，就要体现以学生为本，教师要激励学生敢于发言，勇于质疑，活跃思维，积极向上；好的课，就要"环环相套，丝丝入扣，行云流水，滴水不漏"；好的课，会让听课者始终被精彩的教学活动吸引，精神专注，积极投入。

小学阅读教学，要注重培养学生的阅读能力，要注重学生对文本语言的理解、积累和运用。

课堂教学和舞台表演不同——前者，追求"真"，后

者，追求"美"；前者，看"台下十年功"，后者，看"台上一分钟"；前者，表现学生学习过程，后者展示演员排练结果。教学不是表演，不能变味，更不能异化。

"孩子是父母的影子"，学生是镜子里的老师。老师的一切工作和努力，都会集中反映在学生身上。所以，观摩课上，要关注的应该是学生。

三、看门道，不看热闹。

"外行看热闹，内行看门道。"此说不无道理。

在"T"台上款款独步的时装模特，为何面无表情？显然，他要展示艳丽时装。同样道理，教语文，一定要在"语文"上下功夫。

观摩语文课，要关注别人怎样驾驭课堂，怎样处理教材，如何启迪学生，如何设计教案。总之，我们要看别人怎样"教语文"。

语文的问题应该用语文的手段来解决；中国的语文，应该用中国的办法来教。这样说是强调语文的本色，是强调传统的继承，是强调母语本体的回归。

中国语言是随着中国人的生命延续而发展的，是中国传

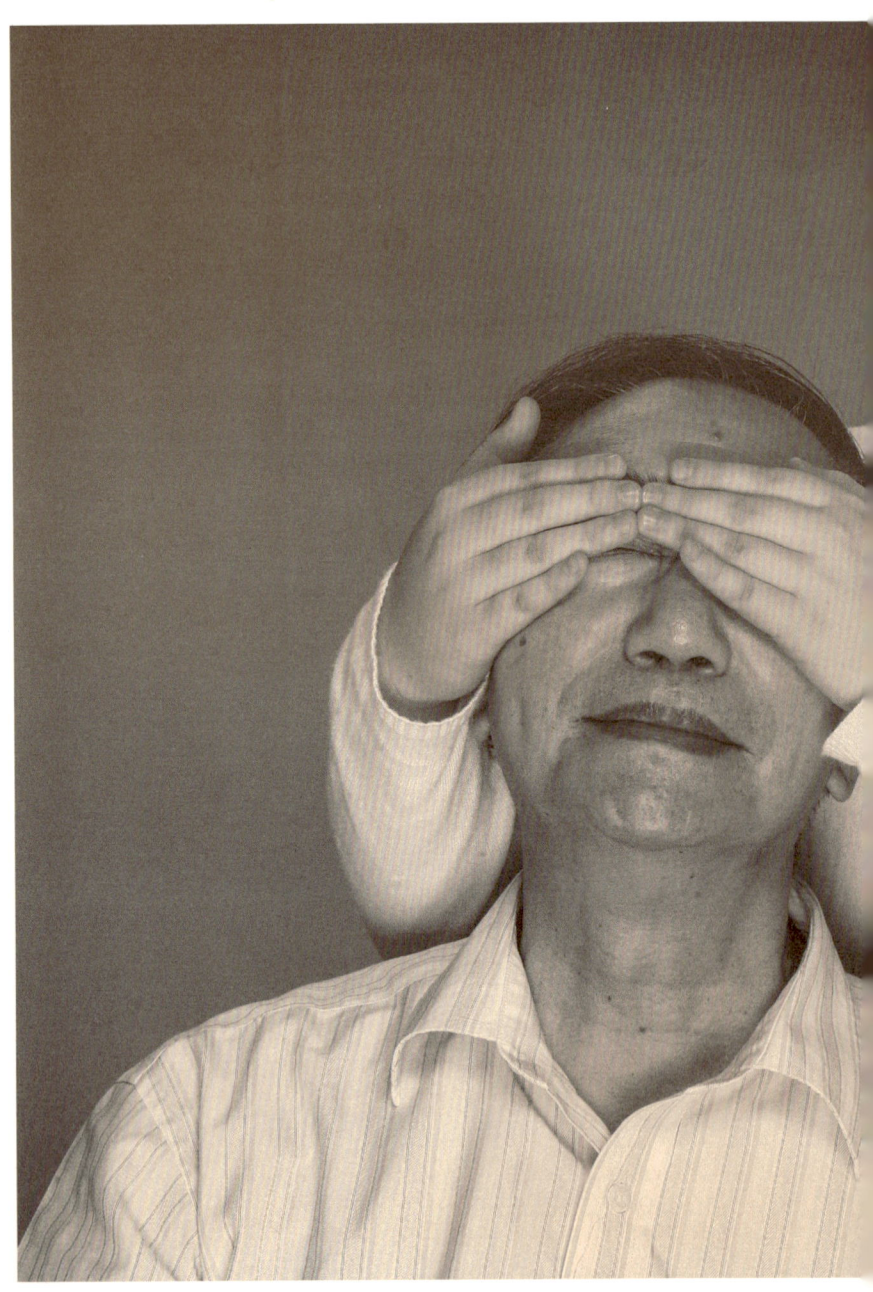

教学《两个名字》

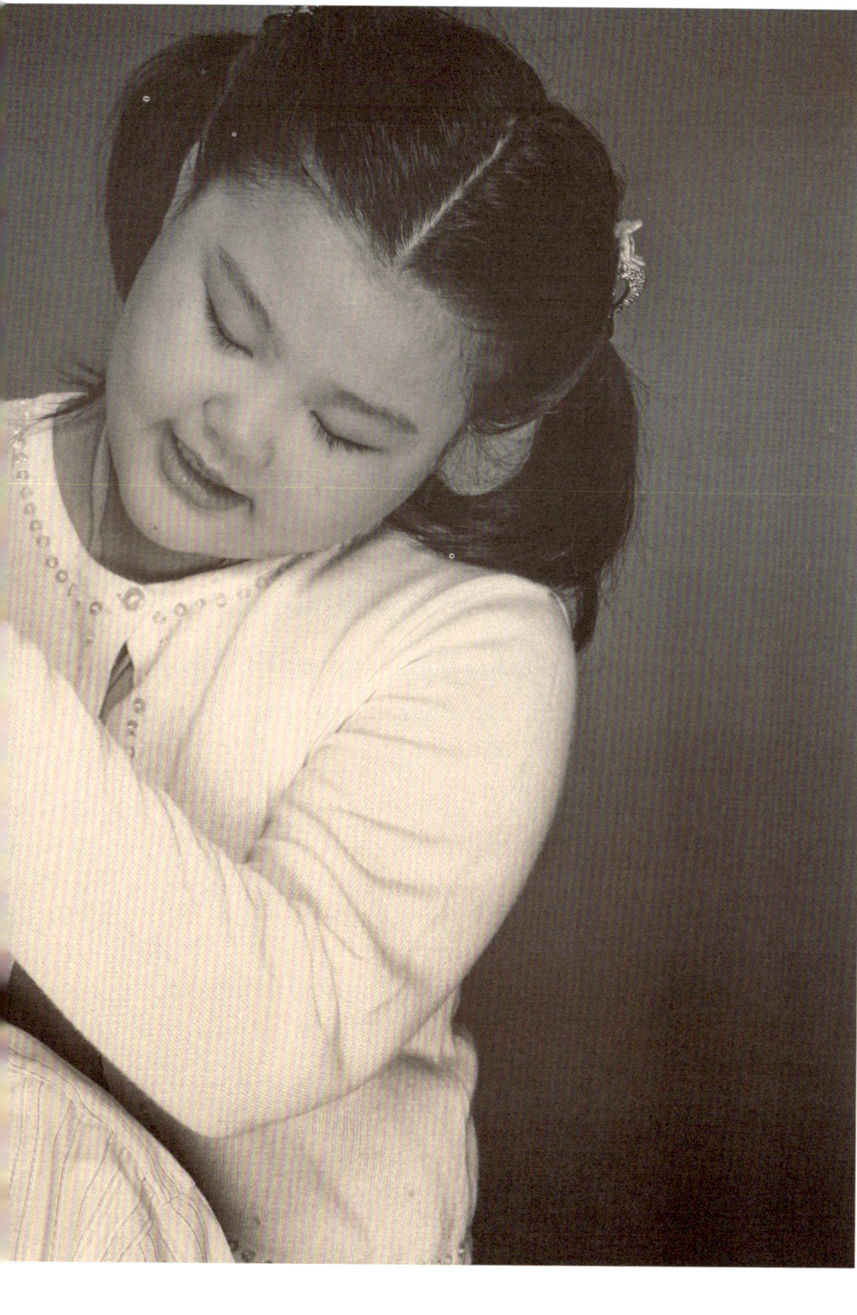

统文化的滋养使它在世界上占有一席之地，并逐步向国际化发展。

"传统的语文教育是当代语文教育的根基。"讲授母语，应该讲究"诵读，感悟，涵泳，体味，积累等体现中国人的感性思维为主的教学理念和方法"。因此，我们的课堂，不仅需要活泼的听、说、读、写，更需要安安静静的思考和揣摩。

观者要关注别人如何处理教师、文本和学生之间的关系，要关注学生学习和提高的过程。不能"走错了门"，也不要"看花了眼"。

有些教师为了活跃气氛，动辄游戏，画画，表演，歌舞，课堂内欢声雷动热闹非凡。我以为，适当的肢体活动不是不可以，但是任何活动，都不能忘记是为学生学"语"习"文"服务的。

某次，我参加一个教学交流活动，听一位台湾女老师上课。课前，老师想与学生互动一下，就说："大家知道我是从哪里来的吗？"

学生回答："知道啊，是从台湾来的。"

老师说:"你们怎么知道的?"

学生回答:"大屏幕上写着。"

老师问:"你们知道台湾盛产什么吗?"学生们面面相觑,答不上来。

老师在台上走了几步猫步,说:"盛产美女啊!"

这样的导入与语文有什么关系!

时下,教学中的"泛语文"现象着实不少:教《黄山奇石》,花大半节课,让学生用肢体"塑造"黄山奇石模样;教《鸟的天堂》,整节课都在观看制作精美的纪录片;教《晏子使楚》,排演三个故事用了足足35分钟;教《地震中的父与子》,正文匆匆浏览,却过多地引用朱自清的《背影》及其他多篇文章……追求课堂气氛的活跃无可厚非,然而,追求什么样的活跃和用什么手段追求活跃,倒是需要慎重对待的。

我们看课要看"门道",绝非去凑"热闹"。我们需要知道的是,课上学生究竟长进多少,提高多少。长进了,提高了,就好;反之,就很难自圆其说了。

## 二十二 "为谁教""教什么""怎样教"

退休在家,每天取报、买菜……上上下下,离不开电梯。可是有一天,电梯坏了。

大楼里住着的百来号人顿时乱了方寸。老人、小孩儿叫苦不迭,主妇、上班族怨声载道。终于,唤来了维修工人。师徒俩忙活了半天,故障才得以排除,电梯如常运行。人们再次得到"上上下下的享受",住户们笑逐颜开,连声称好。

那位年岁大的师傅在我门前小坐。我为他沏了杯普洱茶,他边抽烟边和我聊天。他知道我是教语文的,似乎碰到了知己,话匣子随即打开……

"我原本在安徽芜湖一所省重点上学。高考仅差一分没被录取,就到上海来谋生,学了一门修理电梯的手艺,做了十几年'新上海人'。"他点燃了烟,说,"我成绩不差,特别是文科。语文成绩总是班里第一,老师还把我的作文当作范文读给大家听。"说到这儿,他有点沾沾自喜。

"四年前,儿子也来上海了。好不容易进了一所重点小学读书。"

"那你安心了。"我插了一句。

"安心?烦人的事多着呢!不说别的,就说语文吧!"他吸了口烟,说,"孩子读四年级了,写的字歪歪扭扭,读起书来磕磕绊绊。三百来字的作文,表达不清楚不说,还错别字连篇。不知道老师是怎么教的。"说到这儿,他有点无奈。

我为教师不平:"你讲的有失偏颇。老师也是在认认真真地教,他们很辛苦。"

"老师辛苦?我不否认。干哪一行不辛苦?关键是要教会学生,教好学生。就像我们修电梯的,忙活了半天,电梯还是卡在那儿,不能上上下下地跑,你们满意?电梯经常发生故障,让你们不时找我们修理,你们高兴?"

我微微点头,认同他说的。

"语文课,老师就是要教会孩子读书、写字、说话和写话,这是命根。整天做题目,整天不读书,能学好语文?"他接着说,"一天,儿子订正作业。他填的是'(漆黑)的天空','(光秃秃)的草地'。老师都算错。我想这可以呀!孩子说,应该填'(蔚蓝)的天空','(绿油油)的草地'。因为书上是这么写的。天哪!还有标准答案?"他谈兴正浓,接着说,"还有更离奇的题目,至今我还想不出来,向您老人家请教。'(　　)的阴凉'。"他期待我给出答案。我思忖良久,摇摇头,也不会。

他喝了一口茶,继续说:"我真想去看看老师是怎么教的。'家长开放日',我终于走进课堂听了一节课。老师像演戏一般说话,极不自然。课堂里热闹得很,学生又是看幻灯,又是做游戏,却很少读书、写字。孩子们抢着发言,我的孩子一言不发,也不举手。回家后问他,他说,就算我举手,老师也不会叫我。因为谁回答什么,事先都说好的。"他有点激动了,"这不是在坑孩子吗?"我无语,却在思索。

他接着说:"更不可思议的是,老师批改作文极其草率。打个钩,写个'阅',注上日期,批个成绩,完事!这

在上海人民广播电台播《贾老师教作文》

样教，孩子会作文？这样教书我也会！"

他掐灭了烟蒂，背起工具袋起身告辞。在等候电梯的当儿，他说："老先生！其实，维修电梯和教育孩子一个理儿。电梯需要维修，孩子在于培育。是吧？"此时，电梯门开，他跨了进去。电梯里，他对我摆摆手："我是粗人，说得不对，别见笑。"顿了顿，又说，"您的普洱茶好喝！"

"电梯需要维修，孩子在于培育！"一个电梯维修工的心声。

说到这里，我又想起另一件事。

日前，某一线城市举办了一次小学生现场作文活动，我有幸参与阅卷与评选工作。我看的220篇作文大多集中在两所知名学校。遗憾的是，大部分习作叙述不清，文句不通，书写不规范，表达不明白。不难看出，这些学生缺乏基本的语文素养。

知名学校的学生尚且如此，普通学校的学生会怎样。

何谓好教师？能培养出一拨又一拨好学生的才是好教师。怎样的课叫好课？教师积极引导，学生主动探索，教有成效，学有提高，这才叫好课。教师的一切努力，应该体现在学生的长进与提高上。

教育的本质是为了提升人的精神世界，是为了把学生的潜能变为发展现实。教学主渠道是课堂教学。不少教师也努力备课，也精心设计，也巧制课件，也认真上课。课堂教学也不可谓不"精彩"，然而，其效果却不如预期。症结究竟何在？

我以为,是在"教"字上失之偏颇。大部分教师只是"教过",而非"教会"学生。叶圣陶有言:"语文课,即在课堂上教师借课本里的课文做例子,教会学生说话和写话。""语文课的目的是让学生掌握语言文字这种工具,培养他们的接受能力和表达能力。"

如今,在"为谁教""教什么"和"怎样教"的认识上,我们出了些许偏差。

为谁教?毋庸置疑,当然为学生而教。因为学生是主体,是教学对象,是"课堂主人"。然而,相当多的教师是在为自己——或者说为听课同事、同行、领导而教,似乎课是上给他们看的。上课时,展示自己的能力与才华,忽略学生。倘若上得顺风顺水则喜形于色:"啊,这班学生够默契的。"反之,则责备学生:"一点儿也不配合。"把学生当作道具,将教学视作演戏。学生没有练习机会,能力如何提高?

教什么?当然是教语文——包括思想、观点、方法、价值观等,具体则要落实在字、词、句、篇的学习和听、说、读、写的实践上。语文课要有语文味。

事实上,大部分教师是在教课文。逐字逐句分析,不厌其烦讲解。要指出的是，精美的画面，动听的音响，并非真正的语文。课堂上不闻"书声琅琅"，罕见"议论纷纷"。学生不读书，不动笔。不用语文手段解决语文问题，想提高学生语文能力也难。

怎样教？当然要因材施教，要启迪学生，要授之以渔。知识那么多，哪里教得尽？"教材无非是例子而已。"教育虽然着重在"教"字，最终目的却在受教育者"自求得之"，"今天的教，是为了明天不教。""得法于课内，得益于课外。"要在"教会"上下足功夫。

许多教师不是这样。他们唯恐学生不懂不会，于是，舍本求末，繁琐分析，无效提问，把课文讲"肿"，将学生问累。他们只是"教过"而已，到头来，学生依旧不会读，不会写。

语文是一门学科，语文教学是一门科学。科学，需要严谨和规范，需要按事物发展规律行事，来不得半点虚假与浮夸。

语文教学要发展，要进步，不能故步自封，一成不变。但是，这要在继承传统的基础上发扬光大。

## 二十三 练好看家本领

看家本领，又称"拿手绝活"。在旧社会，倘若手上没有一点"绝活"，很难立足。

冯骥才笔下的"刷子李"，有着一手叫人欣羡的绝活。他专干粉刷一行。刷好一间屋子，单坐着，如同升天一般美。更叫绝的是，他刷浆时，必穿一身黑，干完活，身上绝没有一点白。

由此，我想到我们自己。时下，还需要"看家本领"吗？已故语文教育专家陈钟樑先生说"需要"，并概括出16个字来：眼睛要"毒"，目光要准，心地要善，嘴巴要"甜"。

首先，语文教师眼睛要"毒"。

这里的"毒"指的是敏锐、深刻、独到。语文教师不但要读懂文章，还要能发现文字之美，能识别文章作法之奥妙。否则，教学时必然隔靴抓痒，浮光掠影。抓不到痛处，得不到要领。

有一篇课文叫《那片绿绿的爬山虎》，是肖复兴为纪念叶圣陶写的散文。有的教师把它误读成简单的叙事文。以为文章就写了"叶老为我修改作文"和"叶老盛情邀我做客"两件事，教学时"就事论事"，反复引导学生概括主要内容，孩子只能始终徘徊于文本之表面，"不识庐山真面目"；也有教师把"情景交融"误作为教学重点，不断组织学生讨论爬山虎的意象，挖掘"落日余晖""静静湖水"的意蕴，结果，学生坠入云里雾里，不知所云；更有教师断章取义，把"叶老为我修改作文"作为教学重点，借此指导学生如何修改文章。失之毫厘，谬以千里。这全缘于教者"见木不见林"。所以，倘若教师本人未能读懂课文，那么，其教学必然"以其昏昏，使人昭昭"。

其次，语文教师目光要准。

教学如同打仗。想出师告捷，大获全胜，就要"打有

准备之仗"。

不能别出心裁，乱说一气。教师与普通读者不同。普通读者只是为自己阅读，高兴了，可以再读一遍，没兴趣了，则将读物弃于一边。教师则不然，不但自己要读懂文章，还要琢磨如何让学生喜欢，更重要的是，教师要知道运用文章里的哪些东西来教学生。还要"一抓一个准"，不能抓错。

再次，语文教师心地要善。

我们必须发自内心地热爱孩子。教师要视学生为子女或弟、妹。这一点，来不得半点含糊与虚假。

蒋风先生是著名作家，终身从事儿童文学研究，荣获第十三届国际格林奖，成为首位获此殊荣的中国人。蒋风小时候叫蒋寿康，由于经济拮据，直到十岁才走进学堂读书。教他算术的是斯紫辉老师。斯老师是浙江诸暨人，美丽端庄，身着长旗袍，脸上常挂着笑容。斯老师爱孩子，经常讲故事给孩子们听，循循善诱地培养学生良好的性格和品德。

有一个学期，斯老师给同学们讲意大利作家亚米契斯的《爱的教育》，讲了整整一个学期。孩子们被故事中的内容深深感动。

学期结束时，斯老师举行了一个特别班会。她用书中的人物名字给班上同学命名：勤劳的就叫"裘里亚"，正直的就叫"比卡隆"，善良的就叫"西西洛"，勇敢的就叫"马尔柯"……蒋寿康渴望斯老师也能用书中的人物给自己起一个名字。可是，名字一个个报过去了，蒋寿康始终没有听到斯老师用书中的人物给自己起名，感到很委屈。

班会结束，同学们个个绽开笑容，互相叫着刚刚被命名的名字，唯有蒋寿康独自站在一边，郁郁寡欢。斯老师突然意识到自己犯了一个大错。于是，她请蒋寿康到办公室，满含歉意地说："你看，都怪老师太粗心了，怎么把你给忘了？可是，现在没法儿再为你开一个班会啊！其实，你比'裘里亚'更勤劳、比'比卡隆'更正直、比'西西洛'更善良、比'马尔柯'更勇敢。怎么办呢？让老师来弥补这个过错吧，老师把最心爱的《爱的教育》送给你，算是老师给你赔个不是，好吗？"斯老师边说边打开《爱的教育》，在扉页上工工整整地写下两句话："记住，永远做一个

平凡的人；但是，要让自己平凡的心闪烁着不平凡的光彩。"

蒋寿康得到《爱的教育》之后，使劲点着头，向斯老师鞠躬之后，高兴地回家了。

自从得到《爱的教育》，蒋寿康经常在做完功课、帮助母亲做完家务后，阅读这本书，他一次次被书中感人的情节打动。阅读《爱的教育》，培养了他的一颗爱心，还提高了他的写作能力，在之后的一次全国小学生作文比赛中，他写的《北山游记》荣获第十名。以后，他逐步走上为孩子写作的文学道路。如今，他已是著名的儿童文学理论家。

顺便说一句，那位斯紫辉老师，就是我国教育界杰出的斯霞老师的胞姐。

斯老师和蒋寿康之间演绎着一个感人的"爱的教育"。

最后，语文教师嘴巴要"甜"。

这里"嘴巴要甜"，指的是要懂得赏识，要不吝啬表扬，要不间断地夸奖学生。表扬学生还要讲究艺术，要让被表扬者听得心花怒放，刻骨铭心，产生动力，扬帆起航。

一位老师教《就义诗》时，课堂上发生了没有预料到的情况。

《就义诗》系夏明翰所作，仅四行："砍头不要紧，只要主义真。杀了夏明翰，还有后来人。"教师潜心指导学生朗读。学生们兴致勃勃，吐字清晰，语气连贯，精神饱满。课堂气氛极好。

却有一个学生将末句"还有后来人"误读成"还有后人来"。学生都哄笑起来，本来严肃的气氛顿时荡然无存。这位教师似胸有成竹，从容不迫："笑什么？这位同学念的意思没有错！"经她这么一说，教室里安静下来了。老师接着说："'还有后来人'意思是'还有接班人'；'还有后人来'意思是'还有人接班'。"教室里寂静无声。过了一会儿，教师又亲切地说："当然，意思没变，不等于说他读对了。他所以读错，是因为没有看清楚。如果仔细看，认真读，是不会出差错的。我们请他再次朗读好吗？"大家情不自禁地鼓起掌来。这时，那位学生红着脸，激昂地朗读起来。读得相当不错，大家再次鼓起掌来。

表扬学生，鼓励孩子是学生获得进步的原动力。学习需要动力，没有动力，学生是不可能取得长足进步的。

陈钟樑先生的"语文教师看家本领"之说，言简意赅，

生动形象。值得我们不断玩味并追求。

几十年的教学实践，让我悟出了一个真谛：

爱事业、爱学生是教师一切工作的出发点、原动力。只有播下爱的种子，才能得到真的收获。教师从事的是"阳光事业""未来工程"。也可以这么认为：今天，我们为孩子安排学习和生活，明天，我们的晚年生活将由这些孩子安排。种瓜得瓜，种豆得豆。现在，我们付出一分的情，将来得到的却是无限的爱。

作为一个小学语文教师，爱的落脚点在哪里？我认为，除了要全面关心学生的身心健康外，更多的是为孩子们创造一个宽松、欢愉的学习环境，让他们在毫无精神压力的气氛中学习并掌握祖国的语言文字，变"要他们学"为"他们自己要学"。

我上每一堂语文课，课前要花大量的时间熟悉教材、查阅资料、精心备课。课中不放过教学上的一个难点，不放弃一个学有困难的学生。

从实际出发，求得满意的结果。不弄虚作假，不摆花架子，求真、求实、讲究实效。

教学必须创新，不创新是没有出路的。教学又有它自身的规律，我们必须按照规律办事。

课堂教学应做到"三实"：真实、朴实、扎实。真实是教学的本色；朴实则体现教师的教风；扎实能让教学目标落到实处。

我认为，舞台表演艺术与课堂教学艺术两者最大的不同是：舞台表演艺术重在其结果，追求的是完美无缺；课堂教学艺术重在其过程，因为它需要的是循循善诱。"台上一分钟，台下十年功。"我们看舞台表演，欣赏到的是"台上一分钟"，我们组织课堂教学，靠的是"台下十年功"。在课堂教学中帮助学生从不断失误之中得以纠正和提高，确实是一项很艰苦的工作。

正因为此，我坚持认为：课堂教学应该体现"一本两主"精神，即"以学生为本，以训练为主，以激励为主"。根据是什么呢？这是因为：学生是学习的主体，教师是组织学生、帮助学生学习语言的辅导者。主次不能混淆，更不能颠倒，课堂的空间与学习的时间，理应由学生多占多得，不可以本末倒置，这是毋庸置疑的。

语言是一种技能。掌握技能需要通过无数次的操练，就像学习溜冰、骑马一样，从不会到会，从不掌握到掌握，必须通过无数次的练习，由失败走向成功。如若不让学生去实践、去体验，是绝对行不通的。

　　经过几十年的教学实践，我现在上课主要分成五个板块：第一，课题导入，引起学生的兴趣；第二，字词教学，扎实训练；第三，朗读指导，积累语言；第四，讨论一些适当的问题，加深学生对课文内容的理解；第五，进行读写训练。实践之后，效果很好。

## 教育要直抵人心

二十四

成功的教育，就是要在孩子身上打下烙印。这烙印，还要久不褪去。

张霖是40年前我教过的一个小学生，现定居在加拿大。日前，他来上海探望我。还未落座，他就嚷嚷："老师，当年你教我们修改的病句，至今我还记得。"

"是吗？"他的话引起了我的兴趣。

"你在黑板上，写了'最后，由我和姐姐争夺冠亚军'之后说，'这是个病句。它错在哪？'尽管我们绞尽脑汁，依然说不出它究竟不对在什么地方。"

我笑了："后来呢？"

"你用红粉笔将'亚'字轻轻圈去,说:'冠军要争,亚军么,抢它干吗?'这一番话,逗得我们全乐了。"

这一课例,张霖同学记了足足40年。看来,这似乎是一次成功的教育。

小鱼老师教三年级。我俩经常会探讨一些问题。一天,她埋怨道:"现在的孩子不长记性。尽管我每天对他们说,'观察是认识事物的向导,必须仔细、仔细、再仔细',他们就是听不进去,写出的东西千篇一律。我让这帮孩子给气晕了……"

"别晕,别晕!你尽说一些非常正确的废话,不管用。教育,不需要这些空话、大话和不着边际的废话。"我说。

小鱼有个孪生妹妹。我问:"你们姐妹俩像不?"

"像极了!相互顶替,几可乱真。偶尔,还能骗过父母。"

"那么,有差别吗?"

"当然有,毕竟,世界上没有一模一样的两片树叶。"

"这就好,你不妨让你妹妹和你各上半节作文课,再同时现身。之后不妨请学生评头品足一番……"

过了些日子。小鱼老师兴奋地告诉我,这一次作文训练极其成功。学生兴致盎然，观察仔细，佳作频频，进步不小。孩子们惊呼："即使是孪生的，也有许多'不一样'啊！"

看来，这一次的教育，还真让孩子们"长记性"了。

退休多年的徐老师教育孩子"光盘用餐"的案例，我一直难以忘怀。

当今，孩子们的生活条件普遍改善，于是，餐桌上浪费粮食的现象比比皆是。一次，一个孩子才扒了几口饭就准备把剩饭倒掉。徐老师看在眼里，没有对她说"谁知盘中餐，粒粒皆辛苦"的空泛道理，只是让她留着剩饭，还请她坐在自己身边，当着这个孩子的面，把剩下的饭菜吃个精光。孩子们看得目瞪口呆。

结果不言而喻。这也可以算是一个成功的教育案例吧。

教育专家陈钟樑先生生前曾介绍过一段课堂经历——

读中学时，他的文章已经写得极好，经常见诸报端并获嘉奖。一次讲评课上，老师竟说他的作文"很不理想"。这多少出乎众人意料。须臾，老师才道出原委：千字作文里仅错用一个标点。教师连声说："可惜！可惜！陈钟樑的作文怎么可以出这种差错？"真是醍醐灌顶。

自此，凡是他交出的文章必经多次诵读，反复推敲，再三修改，绝不容差错再现。多少年了，他一直铭记这位老师，时刻不忘这次"批评"。后来，当了校长的他，经常告诫老师，不要整日唠叨陈词滥调。教师的语言要生动，鲜活，简明，幽默，还要与时俱进。

尽管"教育是一项'慢'的艺术"，但是，成功的教育，其内容必须是深刻的、独特的，乃至直抵人心、无可复制的。

## 后记

2009年,我被诊断为肝癌。到2017年,复发多次,共做了11次微创手术。每次手术都痛得撕心裂肺。医生说癌症病人有三种死法:一是病重,二是过度治疗,三是被自己吓死。我很乐观。我把自己看得很轻,不怕死,所以每天睡得着,吃得下。我很要强。小时候寄人篱下过得很苦,"文革"中受迫害,我都不向命运屈服。别人瞧不起我,我更要做得好,来证明自己。现在生病了,我要战胜疾病。只要身体允许,我就坚持上课、写文章。所以医生说我创造了奇迹。

其实,没有什么奇迹。我只是活得更简单更专注罢了。病魔早已不在我关注之列。

前几年，有一次某地邀我去上课，到了会场，黑板、课桌椅都没有准备好。那时听课的老师已经坐好了。我奇怪地问主办方，学生上课时坐在哪里？主办方说让孩子坐在观众席里。我说，这怎么能上课呢？于是主办方赶紧让人搬来了课桌椅、黑板。他们搬来的黑板很长，一头伸在舞台外面。上课了，我开始写板书。没有想到，写着写着，一脚踏空，从一米高的舞台上摔了下去。脑袋着地，眼冒金星，大家一片惊叫。主持人赶紧把我扶起来，问是不是要去医院，我说算了，上课吧。就这样，上了课，还讲座。

我，一个70多岁，身患重病的老人，就是这样热爱着讲台。

当年，我当教师，是出于无奈，为了生计。

而现在，我依然站在讲台上，一站就是50多年，是因为爱孩子，爱给孩子上课，我爱这一份平凡的工作，我更爱这项神圣而伟大的事业。

十年树木，百年树人。教师的天职是育人，是把希望的种子撒向大地，是把爱的阳光洒满世界。

但求夕阳无限好，何须惆怅近黄昏？老有老的好处，老有老的用处。老骥伏枥，志在千里。我会用自己的绵薄之力，再为祖国的教育事业添一根柴，将这盆火燃烧得更旺；在祖国教育事业的宏伟蓝图上再添一笔绚丽的色彩，用我的双手托起明天的太阳。

因为这是我的责任——不可推诿的社会责任。

红烛是极其普通的东西，然而，它可贵的是不求索取，但求奉献。我愿做一根红烛，耗尽自己，为年轻人照亮前行的道路。

2017年12月